礼赢天下 仪容万方

优雅女人的第一本礼仪书

——你的礼仪价值无限——

张 然◎著

中国商业出版社

图书在版编目（CIP）数据

优雅女人的第一本礼仪书：你的礼仪价值无限 / 张然著．—北京：中国商业出版社，2013.2

ISBN 978－7－5044－7979－2

Ⅰ.①优…　Ⅱ.①张…　Ⅲ.①女性—礼仪—通俗读物　Ⅳ.①K891.26－49

中国版本图书馆 CIP 数据核字（2013）第 020687 号

责任编辑：张振学

中国商业出版社出版发行
010－63180647　www.c－cbook.com
（100053　北京广安门内报国寺 1 号）
新华书店总店北京发行所经销
香河县宏润印刷有限公司
*
710×1000 毫米　16 开　13 印张　150 千字
2013 年 4 月第 1 版　2013 年 4 月第 1 次印刷
定价：28.00 元

* * * *
（如有印装质量问题可更换）

前言

礼仪是在人际交往中，以一定的、约定俗成的程序方式来表现的律己敬人的过程，涉及穿着、交往、沟通、情商等内容。从个人修养的角度来看，礼仪是一个人内在修养和素质的外在表现。从交际的角度来看，礼仪是人际交往中适用的一种艺术、一种交际方式或交际方法，是人际交往中约定俗成的示人以尊重、友好的习惯做法。从传播的角度来看，礼仪是在人际交往中进行相互沟通的技巧。

随着社会进步，文明程度的提高，人际交往范围的不断扩大和交往层面的不断拓宽，对于礼仪的认识和普及显得越来越重要，越来越不可或缺。因此，在如今的书市上，我们可以看到大量的介绍礼仪的书籍，但同时我们也发现在众多的礼仪书籍中还没有一本专门介绍女性礼仪的书，这不能不让人感到是一种缺憾。这也不禁让人想到在奥运会开幕式上高擎各国国旗的礼仪小姐、各大星级宾馆的礼仪小姐、各大剪彩仪式上手执托盘的礼仪小姐、车展会上的礼仪小姐——她们何以表现得那地样婀娜多姿，何以那样地靓丽无限，何以那样地妩媚动人，何以那样地吸引人的眼球，何以能那样地让人看了一眼就顿觉生活瞬间变得如此可亲和美好，那不只是礼仪小姐自身形体的作用，而是礼仪在礼仪小姐身上演示和打造出来的效果和力量。在这里，女人因礼仪而高贵，因礼仪而增彩，因礼仪而被人爱已成为不争的事实，也正是因为女人与礼仪的这种天生紧密的原因，我们在全社会都关注礼仪的时代，而把一种能将平凡女人打造成一个优雅女人的秘诀，奉献给每一个想成为一个优雅女人的女性。

实际上，礼仪是人们在生活和社会交往中约定俗成的，人们可以根据

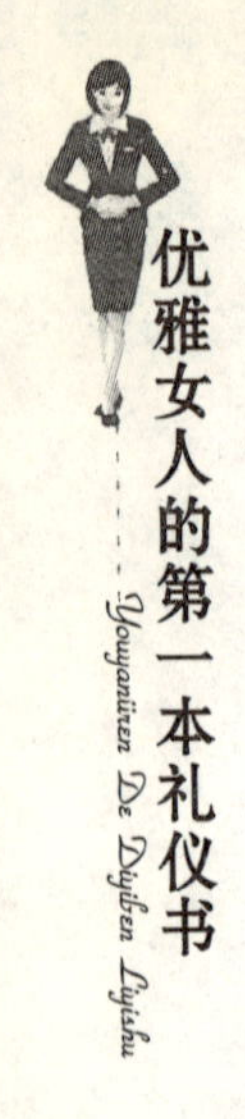

各式各样的礼仪规范，正确把握与外界的人际交往尺度，合理地处理好人与人的关系。如果不掌握这些礼仪规范，往往会使人们在交往中感到手足无措，乃至失礼于人，闹出笑话。如果掌握了这些礼仪规范，你就会变得让人喜爱和尊重，生活得很顺畅。

作为一个女性不只是在场面上，就是在其他一切活动中讲究礼仪都会让你变得文明、变得高雅、变得大方、变得美好……只要讲究礼仪，事情都会做的恰到好处。总之一个人讲究礼仪，就可以变得充满魅力。

而且，随着社会经济的快速发展，中国走向世界、融入世界的步伐愈加迅速，一个优雅女人不仅要更广泛、更频繁地与人交往，而且还要与世界各国人士打交道。因此，不能娴熟地掌握礼仪，游刃有余地运用礼仪，就难有人际交往的和谐和事业的顺畅。

本书兼顾古今中外的礼仪规范，融知识性、实用性与可操作性于一体，突出现代社会人际交往的基本准则和指导作用，既描摹各项礼仪的整体轮廓，又详尽介绍具体礼仪的细节规范，并重点从照顾到优雅女人的交往实际出发，力求达到知识与趣味并重、规范与操作结合、文化与生活交融的圆融境界。

哲人有言：人的一切都应该是美的，无论身体、服装、思想、言行、礼仪……做一个从内到外都优雅、美丽的人，有哪个人能自外于此呢？

赠人玫瑰，手有余香——当你以恰当、优雅的礼仪待人接物时，你自会体味此中真意！

目录

一　现代社会通行基本礼仪

☞ 仪表礼仪 / 3

仪容 / 3
服饰 / 6

☞ 举止礼仪 / 9

坐姿 / 9
蹲姿 / 10
站姿 / 12
走姿 / 13
手势 / 14

☞ 眼神的礼仪 / 15

☞ 言谈礼仪 / 17

寒暄 / 17
敬语 / 19
恭维 / 20
安慰 / 21
询问 / 23
拒绝 / 24
批评 / 26
道歉 / 27
致谢 / 28
真诚 / 29
呼应 / 31
谦虚 / 32
倾听 / 33

☞ 礼节礼仪 / 34

见面的礼节 / 35
称呼的礼仪 / 40
介绍的礼节 / 42
开关门的礼节 / 50

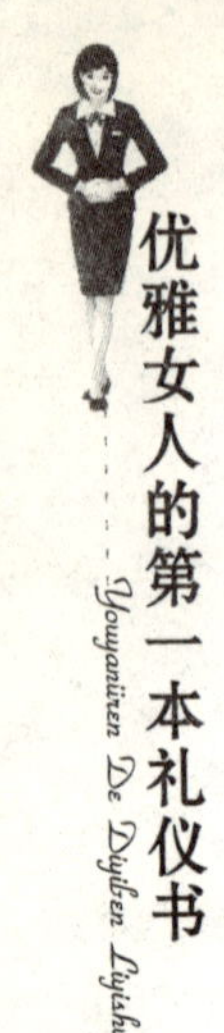

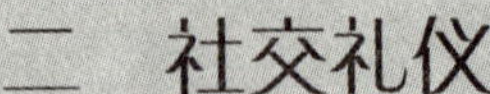

二　社交礼仪

☞ **约会礼仪** / 53

提出约会的礼仪 / 53
约会时的礼仪 / 53
男性与女性交往的礼仪 / 54

☞ **访晤礼仪** / 55

拜访礼仪 / 55
待客礼仪 / 57
探病礼仪 / 58

☞ **馈赠礼仪** / 59

馈赠的时机 / 59
馈赠的礼品 / 61

☞ **餐饮礼仪** / 62

中餐礼仪 / 63
西餐礼仪 / 65
酒礼 / 67
饮咖啡的礼仪 / 69

☞ **家庭待客礼仪** / 71

家庭宴客的礼仪 / 71
家庭接待客人的礼仪 / 72
上门作客的礼仪 / 74
家庭祝寿礼仪 / 75

☞ **庆贺礼仪** / 76

出生庆贺礼仪 / 76
升学庆贺礼仪 / 77
获奖庆贺礼仪 / 77
迁居庆贺礼仪 / 78

三　公共礼仪

☞ **公共娱乐场所的礼仪** / 81

剧院的礼仪 / 81
音乐会的礼仪 / 82
电影院的礼仪 / 82
歌舞厅的礼仪 / 83

☞ 公共活动场所的礼仪 / 83

游览名胜古迹 / 83

公共浴场 / 84

公园和游乐场 / 84

☞ 乘坐交通工具的礼仪 / 85

乘飞机礼仪 / 85

乘火车礼仪 / 87

乘坐公共汽车礼仪 / 88

☞ 酒吧礼仪 / 89

☞ 参观各种馆所礼仪 / 90

☞ 宾馆宿舍生活礼仪 / 91

☞ 购物礼仪 / 93

四　商务礼仪

☞ 商务接待礼仪 / 97

接待程序要细致 / 97

接待礼数要周到 / 98

☞ 商务推销礼仪 / 98

穿着要整洁 / 98

上门要预约 / 99

称呼要得体 / 99

举止要礼貌 / 99

洽谈要讲时间效率 / 100

交谈要找准距离 / 100

签单要抓住时机 / 101

☞ 商务谈判礼仪 / 101

谈判人员 / 101

谈判议程 / 102

谈判时间 / 102

谈判地点 / 103

谈判座次 / 104

☞ 商务营销礼仪 / 105

主办活动的种类 / 105

主办活动的礼仪 / 105

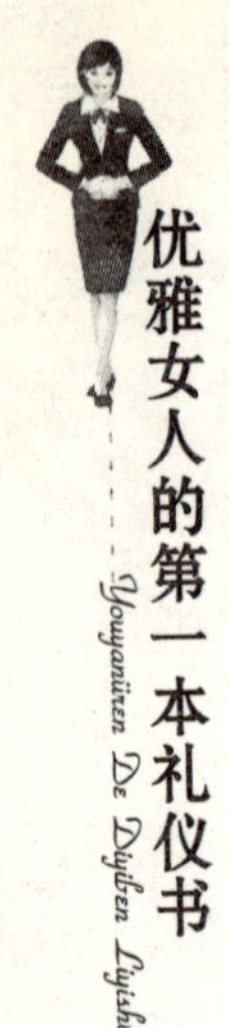

五 职场礼仪

☞ **求职面试礼仪** / 109

面试礼仪 / 109
自我介绍的礼节 / 110
交谈的礼节 / 110
告辞的礼节 / 111

☞ **行为规范礼仪** / 112

职场人员基本礼仪 / 112
职场日常礼仪 / 113
职场中领导者应有的礼仪 / 114
职场中职员应有的礼仪 / 115
职场中下级与上司协作的礼仪 / 116
职场中上司与职员相处的礼仪 / 117
职场中同事间相处的礼仪 / 118

六 家庭礼仪

☞ **夫妻礼仪** / 121

以礼相待 / 121
性生活和谐 / 122
避免争吵 / 122

☞ **长幼礼仪** / 122

互敬互爱 / 123
尽责尽孝 / 123
家政独立 / 124

☞ **婆媳礼仪** / 125

不偏不倚 / 125
真心交流 / 127
相互同情 / 128

☞ **翁婿礼仪** / 129

岳母面前夸妻 / 129
女婿的“贵”与“忌” / 130
岳父母的“三忌” / 130
半子之礼 / 131

☞ **亲朋礼仪** / 131

☞ **妯娌礼仪** / 132

七　节日礼仪

☞ 传统节日礼仪 / 137

春节 / 137
元宵节 / 138
清明节 / 139
端午节 / 139
中秋节 / 140
重阳节 / 141

☞ 我国现代节日礼仪 / 141

妇女节 / 141
植树节 / 141
劳动节 / 142
青年节 / 142
儿童节 / 143
建军节 / 143
教师节 / 143
国庆节 / 144

☞ 海外主要节日礼仪 / 144

圣诞节 / 144
情人节 / 145
愚人节 / 145
母亲节和父亲节 / 146
复活节 / 147
感恩节 / 147

八　婚丧嫁娶礼仪

☞ 婚庆礼仪 / 151

现代婚典礼仪 / 151
新郎新娘的礼仪 / 156
馈赠礼物的礼仪 / 157

☞ 丧葬礼仪 / 158

现代丧葬礼仪 / 158
吊丧礼仪 / 159

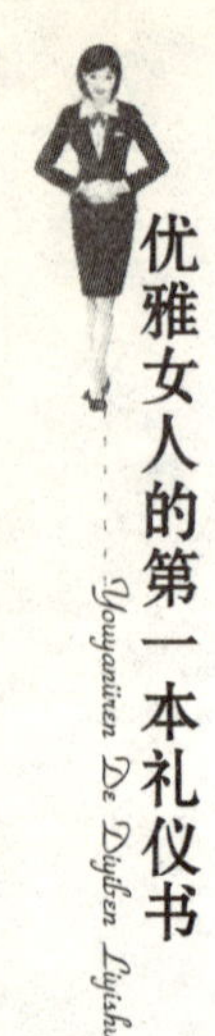

九　时尚礼仪

☞ **贺卡礼仪** / 163

贺卡的形式 / 163
贺卡的种类 / 164

☞ **名片礼仪** / 164

☞ **电话礼仪** / 166

注意电话形象 / 166
掌握电话语言 / 167
及时通电话 / 167
遵守接听礼仪 / 168
作好电话记录 / 169
使用手机的礼仪 / 170

☞ **送花礼仪** / 171

选择适中 / 172
送的适宜 / 173
受者满意 / 174

十　涉外国际礼仪

☞ **涉外基本礼仪** / 181

时间礼仪 / 181
公德礼仪 / 181
女士优先 / 182
不得干涉 / 182
隐私礼仪 / 182
位置礼仪 / 182

☞ **宴请的形式** / 183

宴会 / 183
招待会 / 184
茶会 / 185

☞ **付小费的礼仪** / 185

饭店付小费的礼仪 / 186
旅行付小费的礼仪 / 188

☞ **国际礼品礼仪** / 192

赠送礼品的礼仪 / 192
部分国家的送礼风俗 / 194

一 现代社会通行基本礼仪

仪表礼仪

"内正其心，外正其容。"个人礼仪的首要要求就是仪容美，它是仪表问题的重中之重。在人际交往中，一个人的仪容不仅会引起交往对象的特别关注，还会影响到交往对象对自己的整体评价。因此，我们必须时刻不忘对自己的仪容进行必要的修饰和整理。这既是对他人的尊重，也是对自己的尊重。

1960年9月，肯尼迪和尼克松在电视上举行他们竞选总统的第一次辩论。当时，大多数评论员预料，尼克松素以经验丰富的"电视演员"著称，一定可以击败比他缺乏电视演讲经验的肯尼迪。但事实并非如此。原因是肯尼迪事先进行了练习和彩排，还专门跑到海滩晒太阳，养精蓄锐。结果他在屏幕上满面红光，精神焕发，挥洒自如。而尼克松除了没有听从电视导演的规劝和十分疲劳之外，更失策的是面部化妆用了深色的粉，因而在屏幕上显得精神疲惫，声嘶力竭。竞选结果出人意料，肯尼迪胜出。肯尼迪的仪容仪表起了非常大的作用，可见，仪容仪表的作用是不容忽视的。

通常，仪表指人的外表，包括人的仪容、姿态、服饰、风度等。在仪表礼仪中，应重点把握自己的仪容与服饰。

仪容

现代文明的发展，使得人们对仪容的展示更加重视。可以说，个人良好的仪容，能够给人以端庄、稳重、大方的印象，既能体现自尊自爱，又能表示对他人的尊重与礼貌。做好个人仪容修饰的基本要求主要有如下几方面：

1. 头发要梳洗干净

发型要朴素大方。女士可选择齐耳的短发式或留稍长微曲的长发，头

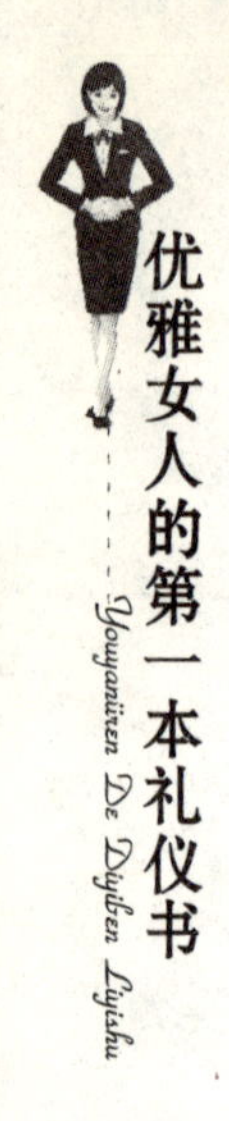

发不应遮住脸部，前面留海不要过低，在正式社交场合中，不可将头发染成黑色以外的颜色。较适合职业女性的发型选择：

短直发：要稍微长一点，不要太辣妹了，前面的刘海忌蓬乱；

长直发：注意保持长发的干净和光亮，否则会显得非常邋遢；

短卷发：选用适合你发质的护发产品，保持头发的整洁和服帖；

长卷发：给头发一点蓬松感觉，但要注意，通过将头发分层剪，既便于整齐，又便于收拾。

此外，作为职业女性，发型设计还应协调你的发型风格和办公环境。从事不同职业的人，可以有不同的风格。如果你在网站工作的话，年轻些、狂野些的发型就不会受到指责；但如果是在律师事务所或银行的话，你的发型最好就庄重点、专业点。

生活中，短发给人干练的感觉，不过，长头发收拾好了，也一样有职业化的感觉。只要干净、没有披散在脸上或肩上，一样非常干练。例如，你可以把美丽的长发编起来，再配上雅致的发卡装饰。

放弃那些闪亮的发饰，把那些可爱的、亮色的美丽装饰品留给 Party 吧。选用一些自然色或深色的发饰，而它们的功能也只是在于帮助维持你头发的整洁。发带也尽量不要佩戴，一则和工作场所也不太协调，二则总给人以天真和没有经验的感觉。

2. 保持面部清洁干净

女士可适当化妆，但以淡妆为宜，不可浓妆艳抹，并避免使用气味浓烈的化妆品。

3. 用眼神示好

眼睛是人类面部的感觉器官之一，最能有效地传递信息和表情达意。俗语说“眼睛是心灵的窗户”，从一个人的眼神中可以看到他的整个内心世界。

眼睛对内心情感的传达主要靠眼神，因此，在社交活动中，眼神的运用要符合一定的礼仪规范，即：

与人交往时，不可长时间地盯着对方的眼睛，以免引起对方的恐惧和不安。如果感觉与对方谈得来，可以一直看着他，让他意识到你喜欢与他交往，以建立良好的默契。这样的谈话可以有 60% 以上的时间注视对方。不难想象，如果谈话时心不在焉，东张西望，或是由于紧张、羞怯不敢正视对方，目光注视的时间不到整个谈话的1/3，那一定不容易被人信任。当然，不能将目光长时间地集中在对方的脸或身体的某一部分，特别是初次见面或异性之间，在不太亲密的交往对象之间，长时间地盯着对方是一种失礼行为。

要用柔和友善的目光正视对方的眼睛区域，同时内心要充溢着爱慕、友善和敬意。如果想要中断谈话，可以有意识地将目光稍微转向他处。当你被介绍与人认识时，眼睛要看着对方脸部，但不能对对方上下打量。有求于对方或者等待对方回答时，眼睛略朝下看，以示谦恭和恳请。进入上级的办公室，不要把目光落在桌上的文件。走进陌生人的居室，也不要东张西望。和长辈说话时，最好走近他，用尊敬的目光直视对方。在上台讲话时，要先用目光环顾四周，以示对到会人的尊重。在社交场合，最忌讳和别人眉来眼去和使用满不在乎的眼神，这是没有礼貌和修养的表现。

4. 面带微笑

微笑是社交场合中最富吸引力、最令人愉悦、也最有价值的体现在面部的仪容表情。它可以与语言和动作相互配合起互补作用，甚至能起到语言和动作所起不到的作用。它不但表现着人际交往中友善、诚信、谦恭、和谐、融洽等最美好的感情因素，而且反映出交往人的自信、涵养与和睦的人际关系及健康的心理。微笑在社交中具有非常深刻的内涵。自信的微笑，充满着自信和力量，一个人遇到困难或危险时，若能微笑以待，那一定能冲破难关；有好的微笑如春风化雨，滋润人的心田，一个懂得礼貌的人，会将微笑当做礼物，慷慨地赠予他人；真诚的微笑，表示对别人的尊重、理解和同情。

应该注意的是，微笑一定要自然坦诚、发自内心，因为只有发自内心的微笑才是真正的美。而且，只有那种把内心的善和欢喜通过眼神和嘴角表达出来的微笑，才是自然的和令人欢心的。所以我们特别强调，在社交场合，切不可故做笑颜，满脸堆笑。不然，不仅发笑者面部表情不自然，面部肌肉会发酸发硬，而且也会令别人敬而远之，甚至产生躲避惟恐不及之感。

微笑是一种健康文明的举止，通过微笑来表达美的习惯是可以通过训练养成的。微笑的基本做法是不发声，不露齿，肌肉放松，嘴角两端向上略微提起。面含笑意，会使人如沐春风。

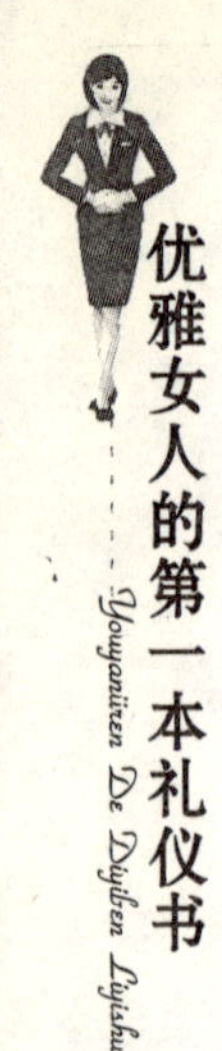

服饰

服饰作为一种礼仪，从外表上，能反映一个人的社会地位、文化修养和审美情趣等多种信息，也能表现一个人的内在情感及其对生活的态度。正如莎士比亚所说："一个人平日的穿着打扮，就是其个人教养最为形象的写照。"得体的服饰穿戴对于美化人的仪表、改善人的气质、完善人的形象有着极为重要的作用。

1. 着装应掌握的要点

在考虑着装时，为了达到得体、和谐的效果，需要掌握以下三个重点，即着装时要考虑到时间、地点和目的。

（1）时间。穿着打扮必须考虑到是什么季节，什么时间。比如上班时间的穿着不能太休闲，休闲时间的穿着则可以不那么正式。如果在上班时间穿着便装、家居装、运动装等，则显得不够庄重，而在外出游玩的时候穿着正装，又显得不够轻松，总之，不考虑时间的穿着打扮是不适宜的。

（2）地点。穿着打扮也必须考虑到要去的目的地和场合，不同的场合需要不同的着装。一般来说，在公务场合要求穿着正统、端庄、规范，着装以制服、西装、套裙或者长袖衬衫配以长裤、长裙，而各式各样的时装、便装，尤其是标新立异的前卫服装则一律不适宜。而在社交场合，即聚会、宴会、舞会或者音乐会等场合的穿着要求时尚、典雅、个性，着装以时装、礼服、民族服装以及个人制作的服装为主要选择，需要穿着礼服的场合则要穿着礼服，而不宜穿着过于正式的制服或过于随意的便装。在休闲场合，如居家、健身、旅游等场合，穿着要求舒适、自然、方便，以运动装、牛仔装为宜，尽量不要选择制服、套裙、礼服等适用于正式场合的服装，否则就会显得过于正式，与休闲场合不协调。

（3）目的。穿着打扮还必须考虑到目的，例如参加婚礼或者宴会等具有喜庆色彩的活动时可以穿着色彩明亮的服装，而在葬礼等场合为了表达悲伤的心情，可以穿着深色、灰色的服装。

得体的穿着需要灵活地考虑时间、地点和目的，在不同的情况下应使自己的穿着有所变化，穿着与具体的时间、地点和目的不相适应，我行我素，或是以不变应万变都是不符合礼仪要求的。只有得体的穿着，才能真正体现出你的修养，才能在社会生活中游刃有余。

具体地说，符合礼仪要求的着装应做到以下的要求：

①得体大方

要求着装要符合本国的道德传统和常规做法。在正式场合，忌穿着过露、过透、过短和过紧的服装。身体部位的过分暴露，不但有失自己身份，而且也失敬于人，使他人感到别扭或多有不便。

②搭配得体

要求着装的各个部分相互映衬，自然协调。特别是要恪守服装本身及与鞋帽之间约定俗成的搭配，在整体上尽可能做到完美、和谐，展现着装的整体之美。

③个性特征

个性特征原则要求着装适应自身形体、年龄、职业的特点，扬长避短，并在此基础上创造和保持自己独有的风格，即在不违反礼仪规范的前提下，在某些方面可体现与众不同的个性，切勿盲目追求时髦。

2. 以下我们介绍两种最惯常的服装穿着规范：

（1）西服。西服是一种国际性服装。一套合体的西服，可以使着装者显得潇洒、精神、风度翩翩。那么，怎样穿西服才算得体呢？

①讲究规格

西服有二件套、三件套之分，正式场合应穿同质、同色的深色毛料套装。二件套西服在正式场合不能脱下外衣。按习俗，西服里面不能加毛背心或毛衣。在我国，至多也只能加一件“V”字领羊毛衣，否则显得十分臃肿，以致破坏西服的线条美。

②穿好衬衫

与西装配套的衬衫领子要硬扎、挺括，不要翻在西装外，不能有污垢、油渍。衬衫下摆要放在裤腰里，系好领扣和袖扣。衬衫衣袖要稍长于西装衣袖，通常要伸出 0.5 – 1 厘米，领子要高出西装领子 1 – 1.5 厘米，以显示衣着的层次。

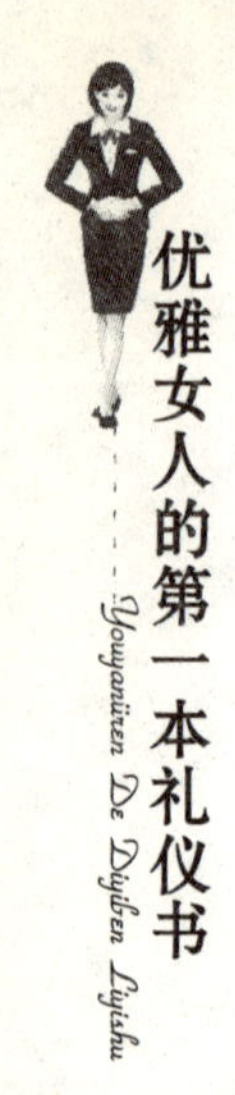

③系好领带，戴好领带夹

西装脖领间的“V”字区最为显眼，领带应处在这个部位的中心，领带的领结要饱满，与衬衫的领口吻合要紧凑，领带的长度以系好后下端正好触及腰上皮带扣上端处为最标准。领带夹一般夹在衬衫第三粒与第四粒扣子间为宜。西装系好钮扣后，不能使领带夹外露。

④用好衣袋

西服上衣两侧的口袋只作装饰用，一般不放物品，否则会使西服上衣变形。西服上衣左胸部的衣袋只可放装饰手帕。有些物品，如票夹、名片盒可放在上衣内侧衣袋里，裤袋亦不可装物品，以求臀位合适，裤形美观。

⑤系好纽扣

西装的纽扣有单排和双排之分。双排扣的西服要把纽扣全部系上，以示庄重。单排两粒扣，只扣上面一粒纽扣，三粒扣则扣中间一粒，坐下时可解开。单排扣的西服也可以全部不扣。西方人士认为衣服上纽扣的数目必保持单数。

⑥穿好皮鞋

穿西服一定要穿皮鞋，而且裤子宜盖住半个皮鞋鞋面。不能穿旅游鞋、轻便鞋、布鞋或露脚趾的凉鞋，而且皮鞋应配上合适的袜子，宜着深色线织巾筒袜，切忌穿半透明的尼龙或涤纶丝袜。

（2）职业装的穿着规范。穿着职业服装不仅是对服务对象的尊重，同时也使着装者有一种职业的自豪感、责任感，是敬业、乐业在服饰上的具体表现。规范穿着职业服装的要求是整齐、清洁、挺括、大方。

①整齐。服装必须合身，袖长至手腕，裤长至脚面，裙长过膝盖，尤其是内衣不能外露；衬衫的领围以插入一指大小为宜；裤裙的腰围以插入五指为宜。不挽袖，不卷裤，不漏扣，不掉扣；领带、领结、飘带与衬衫领口的吻合要紧凑且不系歪；如有了号牌或标志牌，要佩戴在左胸正上方，有的岗位还要戴好帽子与手套。

②清洁。衣裤无污垢、无油渍、无异味，领口与袖口处尤其要保持干净。

③挺括。衣裤不起皱，穿前要烫平，穿后要挂好，做到上衣平整，裤线笔挺。

④大方。服装款式简练、高雅，线条自然流畅，便于岗位接待服务。

举止礼仪

人类很早就学会观察动物和人的体态、动作、表情，并探索其中的涵义。

举止语言学大师伯德惠斯·戴尔的研究成果表明，在两人之间的沟通过程中，有65%的信息是通过举手投足来表达的。举止的信息负载量远远大于有声语言，且常常比有声语言更真实。它们能够表达有声语言所不能表达的情感，比有声语言更简洁生动。

人类在社会交往中，绝对离不开动作和表情。动作和表情在本质上是一种无声语言，是人际信息传递的一种副载体。

在许多场合，当人们有“真不知道说什么好”，“心情无法用语言来表达”的时候，人们便会借助坐立不安、手足无措、张目扬眉、拂袖而去等体姿语言。诸如，人们通常用点头来表示赞美、赞赏、同意，用摇头表示否定或拒绝，用手舞足蹈表示兴奋、高兴。俗话说，“眉来眼去传情意，举手投足皆语言”。可见，举止在传情达意方面的礼仪功能是不容忽视的。

坐姿

动态的美能扣人心弦，静态的美同样也能令人心动。坐姿文雅，坐得端庄，不仅给人以沉着、稳重、冷静的感觉，而且也是展现自己气质与风范的重要形式。

良好的坐姿应当是：

（1）人体重心垂直向下，腰部挺直，上身正直。

（2）双膝应并拢或微微分开，并视情况向一侧倾斜；女士入座后，双脚必须靠拢，脚跟也靠紧。

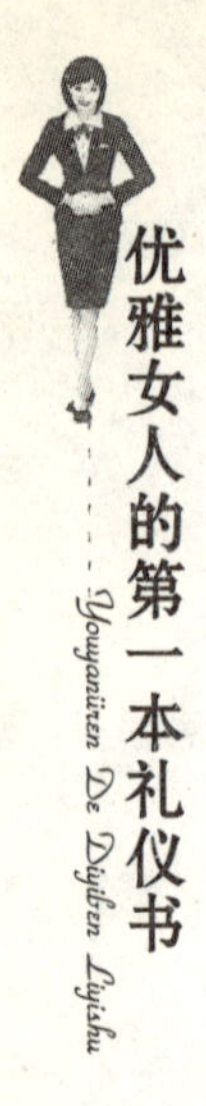

（3）双脚并齐，手自然放在双膝上或椅子扶手上。

（4）款款走到座位前。如果是从椅子后面靠近椅子，应从椅子左边走到座位前。

（5）背向椅子，右脚稍向后撤，使腿肚贴到椅子边；上体正直，轻稳坐下。女士入座时，应整理一下裙边，将裙子后片向前拢一下，以显得端庄娴雅。

（6）在可能时，可后于别人交叠双腿，女子一般不要架腿。

应当避免的坐姿：

（1）双手置于膝上或椅腿上（容易被人判读为示意结束）。

（2）把脚藏在座椅下或勾住椅腿（显得小气，欠大方）。

（3）双腿分开，伸得老远（不雅观）。

（4）“4”字型叠腿，并用双手扣腿，晃脚尖（对方会觉得你傲慢无礼，目中无人）。

（5）猛起猛坐，弄得座椅乱响（显得没教养）。

（6）上体不直，左右晃动（显得没教养）。

蹲姿

蹲姿也是每个人时常做出的举止。比如，在远离办公室的地方突然要与客户或下属商谈一些事情，或是与朋友郊游，都要遇到需要做出蹲着的动作。当然，此时蹲着也不应是随意的，也要讲究必要的规则，遵守常见的姿势。

1. 常见蹲姿

（1）高低式。高低式蹲姿，它的基本特点是双膝一高一低。主要要求在下蹲时，左脚在前，右脚稍后。左脚应完全着地，小腿基本上垂直于地面；右脚脚掌着地，脚跟提起。这时右膝低于左膝，右膝内侧可以靠在左小腿内侧，形成左膝高右膝低的姿态。女性应靠紧两腿，男性可以适度地分开。臀部向下，基本上以右腿支撑身体。一般情况下高低式蹲姿会被广大的服务人员采用。

（2）交叉式。交叉式蹲姿，通常适用于女士，特别是穿短裙的女士采用。优点在于造型优美典雅。基本特征是蹲下后，双腿交叉在一起，即在下蹲时，右脚在前，左脚在后，右小腿垂直于地面，全脚着地。右腿在上、左腿在下，两者交叉重叠。左膝由后下方伸向右侧，左脚脚跟抬起，并且脚掌着地。两腿前后靠近，合力支撑身体。上身略向前倾，而臀部朝下。

（3）半蹲式。半蹲式蹲姿，一般是在行走时临时采用。它的正式程度不及前两种蹲姿，但在需要应急时也采用。基本特征是身体半立半蹲。主要要求在下蹲时，上身稍许弯下，但不要和下肢构成直角或锐角；臀部务必向下，而不是撅起；双膝略为弯曲，角度一般为钝角；身体的重心应放在一条腿上；两腿之间不要分开过大。

（4）半跪式。半跪式蹲姿，又叫做单跪式蹲姿。它也是一种非正式蹲姿，多用在下蹲时间较长，或为了用力方便时。双腿一蹲一跪。主要要求在下蹲后，改为一腿单膝点地，臀部坐在脚跟上；以脚尖着地。另外一条腿，应当全脚着地，小腿垂直于地面。双膝应同时向外，双腿应尽力靠拢。

2. 蹲姿应注意的礼仪

（1）不要突然下蹲。蹲下来的时候，不要速度过快。当自己在行进中需要下蹲时，特别要注意这一点。

（2）不要离人太近。在下蹲时，应和身边的人保持一定距离。和他人同时下蹲时，更不能忽略双方的距离，以防彼此“迎头相撞”或发生其他误会。

（3）不要方位失当。在他人身边下蹲时，最好是和他人侧身相向。正面面对他人，或者背部面对他人下蹲，通常都是不礼貌的。

（4）不要毫无遮掩。在大庭广众面前，尤其是身着裙装的女士，一定要避免下身毫无遮掩的情况，特别是要防止大腿叉开。

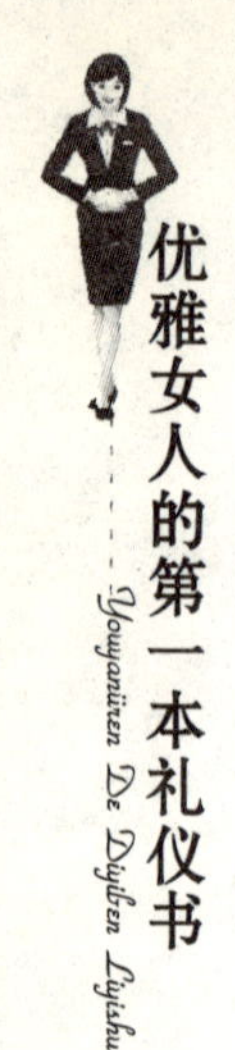

站姿

站姿是我们日常生活中正式或非正式场合中第一个引人注视的姿势。优美、典雅的站姿是发展人的不同质感动态美的起点和基础。良好的站姿能衬托出美好的气质和风度，站姿的基本要点是挺直、均衡、灵活。

良好的站姿主要包括以下诸因素：

（1）平肩，直颈，下颌微向后收，两眼平视，精神饱满，面带微笑。

（2）直立，挺胸，收腹，略为收臀。

（3）两臂自然下垂，手指自然弯曲；两手亦可在体前交叉，一般是右手放在左手上。肘部应略向外张。男性在必要时可单手或双手背于背后。

（4）两腿要直，膝盖放松，大腿稍收紧上提；身体重心落于前脚掌。

（5）上体保持标准站姿。

（6）双脚分开，与肩同宽。

（7）站累时，脚可向后撤半步，但上体仍须保持正直。

（8）将左脚收回，与右脚成垂直，左脚跟在右脚跟前面，两脚间有少许空间。

（9）右脚向后撤半步。

（10）身体重心交给右脚。

（11）男子站立时，双脚可微微张开，但不能超过肩宽。

（12）女性单独在公众面前或登台亮相时，可采用3/4站姿。

（13）女子站立时，脚应成“V”型，膝和脚后跟应靠紧，身体重心应尽量提高。

应当避免的站姿：

（1）身体抖动或晃动（给人以漫不经心或没有教养的感觉）。

（2）双手插入衣袋或裤袋中（不严肃，拘谨、小气），实在有必要时，可单手插入前裤袋。

（3）双臂交叉抱于胸前（这会有消极、防御、抗议之嫌）。

（4）双手或单手叉腰（这种站法往往含有进犯之意，异性面前叉腰，则有性侵犯或性挑逗之意）。

（5）两腿交叉站立（给人以不严肃的感觉）。

走姿

走姿是站姿的延续动作，是在站姿的基础上展示人的动态美的极好手段。无论是在日常生活中，还是在公共场合中，走路都是“有目共睹”的肢体语言，往往最能表现一个人的风度、风采和韵味，有良好走姿的人，会更显青春活力。优美的走姿会使身体各部分都散发出迷人的魅力。走路的基本要点是从容、平稳、直线。

良好的走姿应当是：

（1）步伐稳健，步履自然，要有节奏感。女性着裙子时，裙子的下摆与脚的动作应力求表现出韵律感。

（2）身体重心稍稍向前。

（3）上体正直，抬头，下巴与地面平行，两眼平视前方，精神饱满，面带微笑。

（4）两手前后自然协调摆动，手臂与身体的夹角一般在 10 度至 15 度。

（5）跨步均匀，两脚之间相距约一只脚到一只半脚。

（6）迈步时，脚尖可微微分开，但脚尖脚跟应与前进方向近乎一条直线，避免“外八字”或“内八字”迈步。

（7）走路要用腰力，因此，腰要适当收紧。

（8）上下楼梯，上体要直，脚步要轻，要平稳，一般不要手扶栏杆。

应避免的走姿：

（1）身体乱晃乱摆（给人轻佻、浮夸、缺少教养的印象）。

（2）双手反背于背后（给人以傲慢、呆板的感觉）。

（3）双手插入裤袋（让人觉得拘谨、小气）。

（4）步子太大或太小（太大不雅观，太小不大方）。

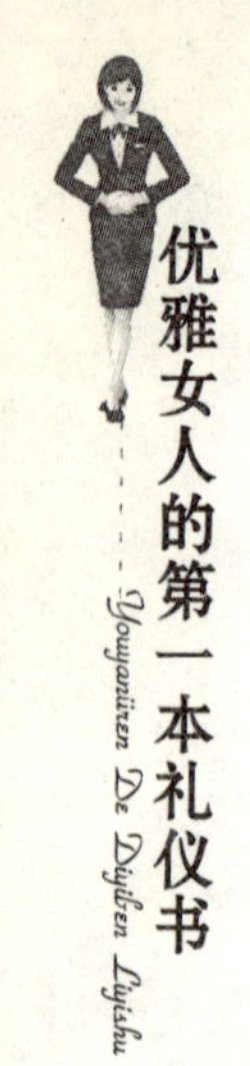

手势

手是传情达意的重要手段和工具。手势是人的第二面孔，具有抽象、形象、情意、指示等多种表达功能。

如果对方双手自然摊开，表明对方心情轻松，坦诚而无顾忌；如果对方紧攥双拳，说明对方怒不可遏或准备“决战到底”；如果对方以手支头，表明对方要么对你的话全神贯注，要么十分厌烦；如果对方迅速用手捂在嘴前，显然他是觉得吃惊；对方用手成“八”字型托住下颏，是沉思与深算的表现；对方用手挠后脑，抓耳垂，表明对方有些羞涩或不知所措；手无目的地乱动，说明对方很紧张，情绪难控；如果不自觉地摸嘴巴、擦眼睛，对方十有八九没说实话；对方双手相搓，如果不是天冷，就是在表达一种期待；对方咬手指或指甲，如果他不是幼儿，那他在心理上也一定很不成熟，涉世不深；双手指尖相对，支于胸前或下巴，是自信的表现；对方与你说话时，双手插于口袋，则显示出没把你放在眼里或不信任。

由此可见，人的姿态真可谓是千变万化，每个手势都可以传达出许多信息。下面介绍几种常见手势符号的不同涵义：

（1）“OK”形手势的涵义。拇指和食指合成一个圈，其余三个指头伸直或略屈。在我国和世界其他一些地方，伸手示数时该手势表示零或三，在美国、英国表示“OK”即“赞同”、“了不起”的意思；在法国，表示零或没有；在泰国表示没问题、请便；在日本、缅甸、韩国表示金钱；在印度表示正确、不错；在突尼斯表示“傻瓜”；在巴西表示侮辱男人，引诱女人。

（2）“V”形手势涵义。食指和中指上伸成“V”形，拇指弯曲压于无名指和小指上，这个动作在世界上大多数地方伸手示数时表示二。用它表示 Victory（胜利），据说是第二次世界大战时期英国首相丘吉尔发明的。不过，表示胜利时，手掌一定要向外，如果手掌向内，就是贬低人、侮辱人的意思了。在希腊，做这一手势时，即使手心向外，如手臂伸直，也有对人不恭之嫌。

（3）举食指的涵义。左手或右手握拳，伸直食指，在世界上多数国家表示数字一；在法国则表示“请求提问”；在新加坡表示“最重要”；在澳大利亚则表示“请再来一杯啤酒”。

（4）举大拇指的涵义。在我国，右手或左手握拳，伸出大拇指，表示“好”、“了不起”等，有赞赏、夸奖之意；在意大利，伸出手指数数时表示一；在希腊，拇指上伸表示“够了”，拇指下伸表示“厌恶”、“坏蛋”；在美国、英国和澳大利亚等国，拇指上伸表示“好”、“行”、“不错”，拇指左、右伸则大多是向司机示意搭车方向。

眼神的礼仪

眼睛是心灵的窗口。有的人在与陌生的人打交道时，尤其是在长篇大论的时候，往往会因不知把目光投向何方而窘迫不安。实际上，死死地盯着对方的眼睛或身体的任何其他某个部位，不仅是极不礼貌的，而且还会显得你神情呆钝；东瞟西看，又未免显得太漫不经心。

在我们周围，也可以留心到这样一些人：彬彬有礼，与人谈话时，眼睛里放射出宁和而亲切的目光，既不咄咄逼人，又绝无怠慢敷衍之意。做到这一点的要领是：彻底放松精神，把自己的目光放虚一些，不要聚焦于对方脸上的某个部位，而是好像在用自己的目光笼罩住对面的整个人。

“盯视”也是一种是非比较多的目光。关于盯视，有两条规则：第一，我们不盯视人，第二，我们只盯视非人。我们可以长久地盯着一棵树、一张照片、一只猫看，但若把这种目光放到一个人身上，他马上就会感到不安、难受，像是受到了侮辱。

在所有“看”的方式中，眯眼是最意味深长的目光。对不太熟悉的人，最好不要做这种表情。在西方，对异性眯起一只眼睛，并夹两下眼皮，是一种调情动作，这主要是男人发信号的方式。另外，眯起两只眼睛含含糊糊地笑，也极易引起别人关于性与色的联想。如此看来，“眯眼”一定要慎用，否则，轻者闹出笑话，重者引起误会。双方都不会愉快。

由此可见，不同的眼神表达不同的情感，在人际交往中要特别注意观

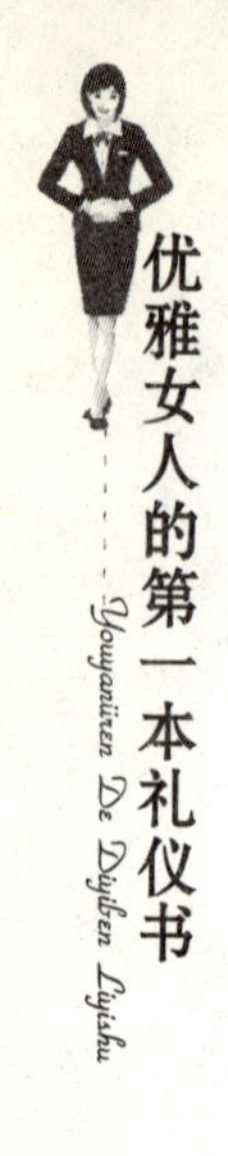

察、鉴别和应对。热情洋溢的眼睛，表示友好和善意，十分讨人喜爱；轻蔑、傲慢的眼睛，拒人于千里之外，一般人难以与之接近；深邃、犀利的眼睛，是睿智、力量的象征，与之交往会得到启迪；明亮、欢快的眼睛，是胸怀坦荡、乐观向上的表现，对之无须设防；贪婪、猥琐的眼睛，流露出欲壑难填的个性，需加以提防；阴险、狡黠的眼睛，表露着为人的狡诈和恶毒，与之交往更要小心谨慎，多加提防等。当然，人的眼神也不总是单一的，它常常频频变化，有时几种眼神交织在一起，或故意掩饰和隐藏。在这种时候，就要善于察言观色，捕捉对方流露真情的一瞬间，进而施之必要的应对表情或语言。

在长辈面前，目光应该略为向下，显得恭敬、虔诚；对待孩子，目光应该和善、慈爱，显示出男子的宽厚和爱心；在朋友面前，目光应该热情、坦荡，表现出对友人的真诚和友爱；假如作为主人招待来客时，眼神要有热情，并带有少许激动。与人谈话时，如果对方是关系一般的同性，应该不时与对方双目对视，以示尊重；如果双方关系密切，则可以较多较长地注视对方，以拉近心理距离。如果对方是女士，双目对视不宜持续超过10秒钟。目不转睛长时间地注视是不礼貌的，是失礼的。但如果对方是热恋中的女友，长久的默默无语的对视，则是情感交流的最好表示。在一些公共场合，如公共汽车、影剧院等，不可以长久地直视其他男子，否则对方会觉得你是在冒犯他。此外，与人谈话时，眼神运用要恰如其分，不宜过于夸张，或滥用眼神，否则会让人感到做作。

此外，还要注意：

（1）当对方说了错话或做了很不自然的动作时，他自己一定会很尷尬或脸红。这时你千万别看他的脸，否则他会以为你在用眼光讽刺嘲笑他，这会刺伤他的自尊心。

（2）在双方交谈时，应注视对方的眼睛或面部，以示尊重对方。但在双方都缄默无语时，你不要再总是看对方的脸，以免对方尷尬不安。

（3）送对方离去时，要等对方转身并走出一段路后，不再回头张望你时，你才能转移视线，否则对方以为你不是从心底里喜欢他，产生冷漠感。

（4）初次和对方相见时，目光相遇的一瞬间你就应该马上主动垂下目光，主动回避对方的目光不但是文明和谦虚的表现，而且可以显示出你的温柔。但你在垂视目光的同时，不可把头低下，因为那样会使对方感到尴尬冷漠。

（5）初次谈恋爱，心情都是比较紧张的，说话也比较检点，倘若对方在思考心中的话题，你不要直目注视对方，使对方心里更紧张，影响双方友好和谐的交谈感。

（6）表达爱意时，最好的方式是用目光温柔地注视对方，因为“脉脉含情”、“暗送秋波”的目光带来的效果是语言所无法比拟的。印度尼西亚民歌中就有“甜蜜爱情从哪里来，是从眼睛里到心怀”，极富描写力地表现了这种现象。

总之，凡是在有与人对视的环境中，就要注意把握自己的眼神，让它表现得温馨、得体、舒服。

言谈礼仪

孔子在《论语》中说：“言之不文，行之不远。”说明谈话一定要符合一定的礼仪规范。

谈话，从问候寒暄开始，始终包括说和听两个方面。无论是说还是听，都要合理地运用眼神与注视。此外，一次合理的交谈还须注意选择话题，对说话内容进行修饰，力求使谈话过程生动活泼、轻松愉快。在听与说的关系上，听比说更重要。只有听与说互相配合，才能达到交谈的良好效果。

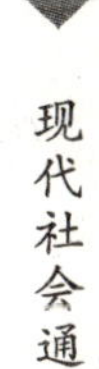

寒暄

音乐始于序曲，交谈起于寒暄。寒暄不仅是一种必不可少的客套，而且可以为交谈作情绪情感的铺垫。敬语，不仅可以表现使用者的修养、风度，而且可以为交谈的友好发展增添催化、促进的因子。

问候寒暄是交谈的导入阶段，是交谈的第一礼仪程序。

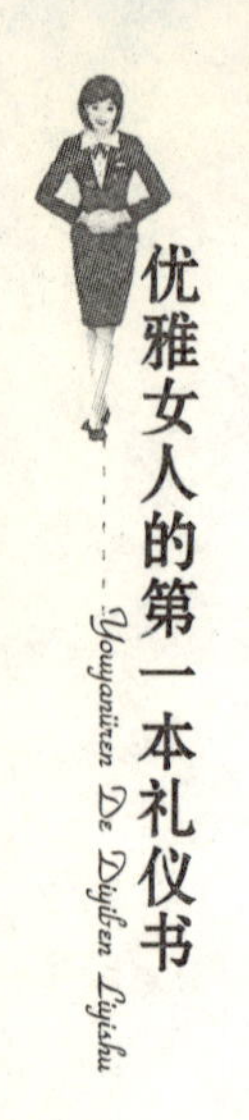

问候也好，寒暄也罢，本身并无多少实际意义，主要是在交谈时具有情感导入功能。问候寒暄可以打破陌生双方的界限，缩短熟人之间的情感距离，导出交谈者之间的交谈话题。因此，有人把它称作人际关系发生、发展的起点，是颇为准确的。

中国传统的问候寒暄用语比较复杂，常见的有以下几种方式：

(1) 问候语的内容是与吃喝拉撒睡有关的。比如："你吃了吗?""您吃好了?""还没歇着哪?"等，一天之中的绝大多数时间都可以使用此类问候语。

(2) 问候语是与问候对象正在进行的活动有关。例如："您上班去呀?""您正在吃饭?""您出去呀?"等。这类问候语有点"明知故问"的味道。

(3) 问候语是与了解对方的行动目的有关的，如："您干什么去?"对这样的问候，答话者既可如实相告，也可随便答上一句"我出去一下"之类的话。

(4) 问候语是与夸耀对方有关的，如："小王，你穿这身衣服显得特别英俊。"

(5) 问候语是不具体涉及交谈双方的，如："这天气可真好!""电影院里空气真差。"这样一些比较具体、复杂、略显得啰嗦的问候语，在过去人们生活节奏比较缓慢，人际接触比较单一、稳固的情况下，曾产生过很好的交谈效果，今后也将继续存在，继续发挥它们的作用。

随着时代的发展，各种事物和现象都在发生着迅速而微妙的变化。问候语的发展随着人们的生活节奏的加快，日益变得简捷、抽象。现在，公众场合最常见的问候语和答谢语都只有两个字"你好!"。它适应于在一切场合，各种情景下，在各色人物之间使用。在文化人中，更有用英美人打招呼时用的"Hi——"以取代"你好"的势头。

当然，如果是双方要停下来交谈，问候语也可能比较具体。比如，"好久不见，你近来怎样?""你走以后，我们好想你哟!""来这里多长时间啦?还住得惯吗?""好久没来了，你觉得我们这里有什么变化?"等。

寒暄语越是具体，越应考虑交往环境、交往对象与交往目的，使形式能为内容服务。也就是说，不应当将上述寒暄用语到处乱套，对不同的人应使用不同的问候寒暄语。比如，对头上长有疮疤来做客的人，就不能用

“你们家的灯光真亮”作为寒暄语。

中国人过去见面，喜欢用“你又长胖了”作为恭维话，问候语。现在恐怕用在女士们面前就不会有好效果了。同样，在西方人眼中，只有穷人因无钱长时间参加旅游、日光浴等健身活动，才会发白、发胖。因此，面对西方人也不应用“你又白又胖”作为问候语。

西方女士在听到人家用“你看上去真迷人！”“你真是太美了！”等向她们问候时，她们会很兴奋，并会很礼貌地以“谢谢”作答。但倘若在中国女士面前使用这句话就应特别慎重了，弄不好有人会觉得你品行不端、心术不正。不过，几乎在世界的任何地方，与男性比起来，女性更希望得到别人的赞美。如果男性在寒暄时用诚恳、恰当的语言，赞美女性的风度、仪态、谈吐等，她们会受宠若惊。在与女性交谈时，切不可贸然打听对方年龄、体重以及婚姻状况等。

到不同地方须使用不同的寒暄语，才会有好的效果。比如，当你进入一间装有空调，铺设地毯，四周金碧辉煌的办公室时，可以说：“你们的办公室真是富丽堂皇，舒适典雅。”这样，主人也许会很兴奋。但倘若你到一间只有上世纪50年代的木制书桌、水泥地板、白炽吊灯、四壁空空的办公室也这样说，主人就会觉得你不是过于虚浮，就是刻意挖苦，因而会很反感的。

总之，只有适度的问候与寒暄才能引起交际双方的交谈兴趣与欲望，才能活跃交谈气氛，使交谈友好、亲切地进行下去。

敬语

在与人交往时始终要牢记，人际感情能否沟通，关键取决于交际者的谈吐，取决于交际者用什么方式、什么感情交谈。美国前哈佛大学校长伊立特曾经说过：“在造就一个有教养的人的教育中，有一种训练必不可少。那就是优美、高雅的谈吐。”敬语是构成文雅谈吐的重要组成部分，是展示谈话人风度与魅力必不可少的基本要素之一。使用敬语，是尊人与尊己相统一的重要手段。

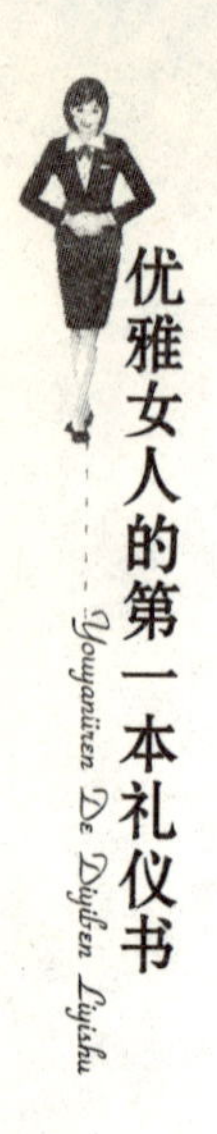

敬语，特别是常用敬语，主要在以下几个场景使用：

（1）相见道好。人们相见时，彼此开口问候：“您好！”“早上好”。在这里一个词至少向对方传达了三个意思：表示尊重，显示亲切，给予友情。同时也显示了自己三个特点：有教养、有风度、有礼貌。

（2）偏劳道谢。在对方给予帮助、支持、关照、尊重、夸奖之后，最简洁、及时而有效的回应就是由衷地说一声“谢谢”。

（3）托事道请。人生在世，不可能“万事不求人”。有求于他人时，言语中冠以“请”字，会赢得对方理解、支持。

（4）失礼致歉。现代社会，人际接触日益频繁，无论你多么谨慎，也难免有失礼于你的亲友、邻里、同事或其他人的时候。但倘若你在这类事情发生之后能及时真诚地说一声“对不起”、“打扰您了”，就会使对方愤怒的情绪得到缓解，化干戈为玉帛。

除了以上四大类外，生活中还有许多敬语可展现一个人的风度与魅力。如，拜托语言：“请多关照”、“承蒙关照”、“拜托”等；慰问语言：“辛苦了”、“您受累了”等；赞赏语言：“太好了！”“真让我高兴”；同情语言：“真难为你了”、“您太辛苦了”等；挂念语言：“你现在还好吗？生活愉快吗？”；祝福语言：“上帝保佑”、“阿弥陀佛”、“一路顺风”等。

又如：与人初次见面时可说“久仰”；很久未见可用“久违”；等候客人用“恭候”；请人勿送说“留步”；陪伴朋友用“奉陪”；中途先走用“失陪”；请人批评用“指教”；求人原谅用“包涵”；请给方便用“借光”；求人指教用“赐教”；向人道贺用“恭喜”；看望别人用“拜访”；宾客来访用“光临”；赞赏见解用“高见”；欢迎消费用“光顾”；老人年岁用“高寿”；小姐年龄用“芳龄”；他人来信称“惠书”等，都可以归为敬语范围。

恭维

在与人交往中，适当地恭维与赞美可令对方无限喜悦。所以有人说，恭维是谈话的润滑剂。这话十分传神贴切。

说恭维话，最根本的一点是要真诚。真诚而恰到好处的恭维，一定可以打动对方的心。若是毫无诚意地胡乱恭维，则只会令人尴尬和反感。

如对一位人见人迷的美女，你除了赞美她的容貌外，不妨着重赞美她的其他优点，比如聪明啦、活泼啦、温柔啦等，因为她很可能对于“美如春花”、“漂亮无比”之类的套话听得厌倦了。而对于一位相貌平平者，若你说她“太美丽了！”“真漂亮”则很可能引起她的不快，因为每个人对自己的长相都是心里有数的，不美的你硬要说美，怎不令人反感呢。

恭维还要有“尺度”，在切合实际的情况下小小地夸张一些无妨；若是天花乱坠，硬要将一个花甲老人说成“矫健青年”，或者将一个工作平平者说成“业绩杰出”，那所产生的，只能是相反的效果。

朋友帮你做了件小事，你可以说：“成人之美，谢谢了！”这种恭维他会照单全收；但你若夸张地说：“你对我恩同再造，我铭感五内，永世不忘。”朋友不吓跑才怪。

因此，恭维要适可而止，恰到好处。多用滥用只会令其流于形式、流于虚伪，反而达不到我们要求的效果，对此应引起注意。

安慰

人生的道路不平坦，常会遭遇挫折及不幸的事，面对不幸，当事者不仅本人需要坚强起来，也迫切需要别人的安慰。做安慰工作同样要遵循一定的礼数，否则将会事与愿违。

探望身患重病的不幸者，不必过多谈论病情。有关的医疗知识，医生已有交待、说明。如果对方本来就背着重病的精神包袱，你再谈及过多，势必包袱加重。你应该多谈病人关心、感兴趣的事。以转移对方的注意力，减轻精神负担。如能尽量多谈点与对方有关的喜事、好消息，使他精神愉快，更有利于早日康复。

对于因生理缺陷或因出身等先天因素被人歧视的，劝慰时应多讲些有类似情况的名人的模范事迹，鼓励他不向命运屈服，抵制宿命论的思想影响。使他坚信只要充分发挥人的主观能动作用，同样能够创造人生的幸

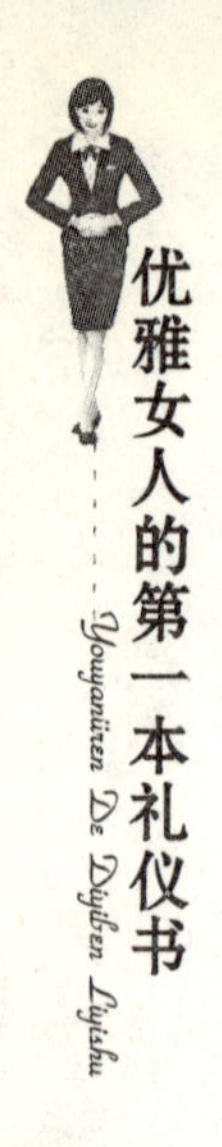

福，实现人生的价值，避免谈及丧气的话，使其雪上加霜。

安慰丧亲的不幸者，不要急于劝阻对方的恸哭。强烈的悲痛如巨石积压在心头，愈久愈重，不吐不快。让其宣泄、释放出来，反而如释重负，有利于较快恢复心理平衡和平静状态。你应当注意倾听对方的回忆、哭诉，尽量少谈及与逝者有关的事，多谈关于健康和利于未来的事，这样更易平复对方的情绪。

对于胸怀奇志而又在事业上屡遭挫折、失败的不幸者，安慰应多说鼓励的话，多帮助对方总结经验教训，分析面临的诸多有利不利条件，克服灰心丧气的情绪，树立必胜的信念，并共同探讨到达事业顶峰的光明之路。

对于身患绝症的病人，只能把病情如实告知其家属。而对患者本人，仍应重病轻说，并经常祝他早日康复，以便他能平静地度过一生最后的岁月。如果谎言居然唤起了他对生活的热爱，增强了他同病魔斗争的意志，就有可能使生命延续得更长久，甚至战胜死神，真正恢复健康。对于本来就感情脆弱、意志薄弱、身体虚弱的不幸者，其心灵已经伤痕累累，不堪重负的患者则少谈及病情之事，以只叙友情亲情为主。安慰首要的条件是具有真切的同情心。要把对方的痛苦看成是自己的痛苦，这样才能激起自己内心的感情，说出安慰的话，才能更加令对方感到贴心。有的人缺乏这种感情，他们站在自己的立场上去劝解，唱高调，有时这种高调是令人厌恶的、更无法打动别人。对方已觉得某个事件使他很苦恼，而劝慰者却说不值得苦恼。认识的差距造成感情的差距，对方便会认为你说的不过是风凉话。

安慰要启发对方自我解脱。所谓“自我解脱”，就是俗话所说的“想得开”。一些人因受到意外的打击和压力，往往在痛苦的同时，思考问题容易钻到牛角尖中；无法自我解脱，导致恶性循环。安慰者的任务，就应当进行宽解，启发对方跳出窄小的天地，从另一个角度去看问题。

此外，要善于启发对方从消极方面看到积极面。例如，痴心姑娘遇到了负心的情人，打击是很大的。如果想不开，就会作出很多蠢事。遇到这样的姑娘，你不妨启发她，既然那男子品质如此不好，分手了是件好事，你应高兴才对。如果你也唉声叹气或帮着骂负心郎，则是不妥的。

询问

在会议上、课堂上或其他有语言交流的场合，我们有时会对其他人发出提问。合适的问话不但使我们能达到目的，而且被问的一方也感到很舒畅。反之，不得体的问话只能使对方感到失望和可笑。那么，怎样才能问得好？这就要掌握问的形式和方法。

在西方人看来，询问别人的年龄是不礼貌的，他们不希望别人知道自己的真实年龄。然而在中国，却常常询问对方的年龄，一般说来未成年人都希望自己成熟一点，所以他们希望对方估计自己的年龄时说得大一点。所以可以这样问："看你办事情那么老练，今年有 18 岁吧？"一个六七岁的孩子，如果问他："今年有 5 岁了吧？"他会很不高兴，他认为自己一定很矮，如果说："今年有 10 岁了吧？"他会很高兴，认为你在夸奖他长得快。询问老人的年龄则刚好相反，因为他们都希望自己年轻一些。如果对 60 岁的老人说："你今年 50 刚出头吧？"他会很高兴，但如果问："您今年 60 多岁了吧？"他就会很不乐意。如果实在看不出对方的年龄，也可直接问："您老贵庚？""您高寿？"等。

询问姓名，可以说："贵姓？""请问尊姓大名？"应注意的是，有些人常问"您贵姓？"这是不恰当的，因为"贵"就是对对方尊称，本身就是"您"的意思，所以直接问"贵姓"即可。如果对方自我介绍时没有听清，可以再问一遍，"对不起，刚才没有听清您的大名"。这样，对方会再重复一遍自己的名字。

在询问对方职业时，可以问"现在您在何处任职？""您在哪儿工作？"对搞经济的人，也可以问："近来在哪儿发财？"如果不知道对方有无职业，也可以问："最近忙点什么？"这样，可以从谈话中搞清对方的职业。

在询问对方的文化程度时，一般顺序是从低向高说。假如对方是中专毕业，你开口就问是哪个大学毕业，这样会使对方尴尬，也可以模糊一点问，如："你是哪个学校毕业的？"

在询问对方籍贯时，一般可以说："您老家是哪儿的？""您府上是在

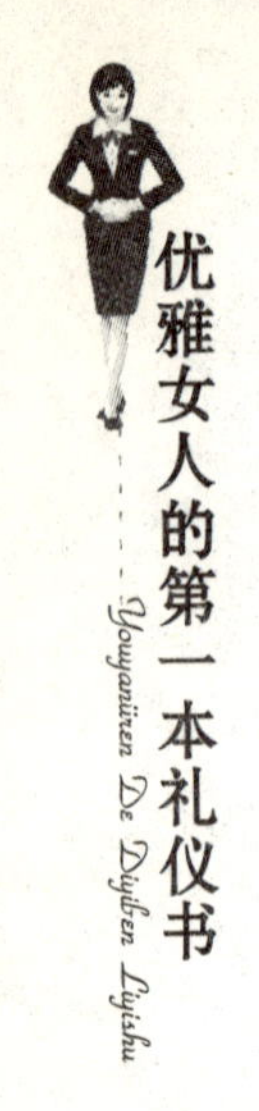

山东吧？”对方一般会很痛快地告诉你他的籍贯，因为每个人对老家都怀有一种特殊的感情。假如对方和你籍贯相同，则可以以“老乡”相称，这样，双方容易产生一种亲近感。当对方告诉你他的籍贯时，你可以提及他那个地方的特产、名胜古迹等。比如对方说老家在山东烟台，可以继续问“是盛产苹果的地方吧？”这种询问会使对方很高兴。

在询问时要注意态度，不要让对方感觉你像是在查户口。当别人询问时，要认真耐心地回答。如果不希望对方知道，可以委婉地避开。

拒绝

我们每天都要和他人打交道。他人的要求有合理的，也有不合理的；有正当的，也有不正当的。即使对方的要求是不合理的，不正当的，我们要采取拒绝措施时也要遵守必要的礼节，以免伤及对方的自尊，而这种礼节在实践中我们可以将其艺术化。比如：

（1）诱导对方自我否定。罗斯福当美国总统之前，曾在海军担任要职。一天，一位朋友问起海军在加勒比海一个小岛建立潜艇基地的计划。罗斯福向四周看了看，压低声音问：“你能保密吗？”“当然能。”罗斯福接着说：“你能我也能。”

诱导对方自我否定的语言形式，通常先用提问的方式使对方作出回答。而对方的回答应是预料之中的，也正是自己要说的话，只是借对方的口说出来而已，以此达到拒绝回答的目的。

（2）推托拖延。推托拖延的具体方法有两种，一是借他人之口加以拒绝。

营业员小王在自行车商店工作。一天，他的一位朋友来店购买自行车。看遍了店堂里陈列的车子，他都不满意，要求小王领他到仓库里去看看，小王面对朋友，“不”字出不了口。于是他笑着说：“前几天经理刚宣布过，不准任何顾客进仓库。”尽管小王的朋友心中不大满意，但毕竟比直接听到“不行”的回答减少了几分不快。

二是推延时间。小张得知小周的店里卖 iphone4s。他来到小周的店里，说自己急着买 iphone4s。小周示意他看看排队的顾客，对小张说："今天看来不行了，下次吧。到时候我再告诉你。"

有时候也可以把上述两种方法结合起来运用。某单位一名职工找到车间主任要求调动工种，车间主任心里明白调不了，但他没有马上回答说"这不可能"。而是说："这个问题涉及到好几个人，我个人决定不了。我把你的要求带上去。让厂部讨论一下，过几天答复你，好吗?"

这样回答可让对方明白：调工种不是件简单的事，存在着两种可能，使对方思想有所准备，这比当场回绝效果要好得多。

（3）先表同情后拒绝。有时对方提出的要求并非无理取闹，有一定的合理性，但因条件的限制又无法予以满足。这种情况下，拒绝言辞要尽可能委婉，予以安慰，使其精神上得到一些满足，以减少因拒绝产生的不快和失望。在语言表达上可采用"先肯定后否定"的形式。要委婉，留有余地。

一家公司的经理对一家工厂的厂长说："我们两家搞联营，你看怎么样?"厂长回答："这个设想很不错，只是目前条件还没有成熟。"这样既拒绝了对方，又给自己留了后路。

（4）移花接木。所谓"移花接木"，就是指不直接回答对方提出的问题，而是用与对方提出的问题相关的内容去回答。

2010 年，亚洲学生辩论会上，在中国学生和香港学生争夺第一名的决赛中，香港学生的论题是"发展旅游事业好"，问中国学生是否赞同。如果表示赞成，则意味着认输；而反对又理由不足。结果，大陆学生的回答是："如果不分时间、环境，盲目地发展则是有害的。"这里，大陆学生运用的就是"移花接木"的语言艺术，把"发展旅游事业好"的提问转换为"发展旅游事业要适度"。既回避了直接表示赞成或反对，又不影响辩论会的气氛。

（5）隐晦曲折。有时，对一些明显不合情理或不妥的做法必须予以回绝。但为了避免因此引起冲突，或由于某种原因不便明确表示，可采用隐晦曲折的语言向对方暗示，以达到拒绝的目的。请看下面一段对话：

甲："我们的意图是使下次会议能在纽约召开，不知贵国政府以为如何?"

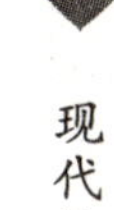

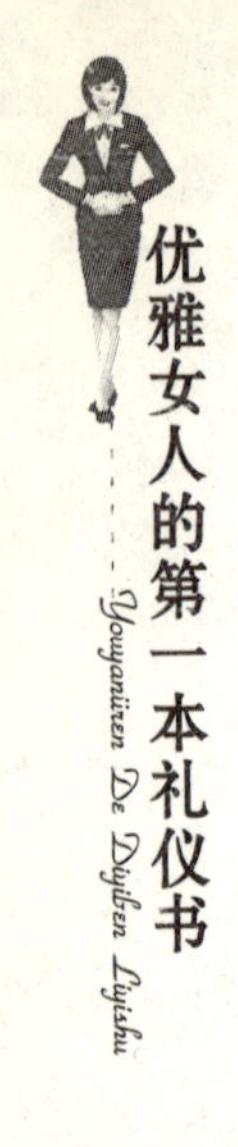

乙：“贵国饭菜的味道不好，特别是我上次去时住的那个旅馆更糟糕。”

甲：“那么您觉得我今天用来招待您的法国小吃味道如何？”

乙：“还算可以，不过我更喜欢吃英国饭菜。”

乙方用“美国饭菜不好”，“法国的饭菜还可以”，“喜欢吃英国饭菜”，委婉含蓄地拒绝了在美国、法国开会的建议，暗示了希望在英国举行会议的想法。

(6) 用绕圈子形式来达到回绝的目的。

有一个老板，一天把一个青年雇员叫到办公室，对他说：“小伙子，我真难以设想，如果我们公司没有你，我们日子将怎么过。但是从下星期一开始，我想试试看。再见。”这位老板绕着圈子，避开了“辞退”的字眼，用动听的语词达到了回绝对方的目的。

批评

没有人愿意挨批，不管你说的有多对，所以批评常会产生一些负效应。但是，有些人能够很恰当地把握批评的方法、尺度，使批评达到春风化雨、甜口良药也治病的效果。

美国南北战争时期，属下向林肯总统打听敌人的兵力数量，林肯不假思索便答：“120万至160万之间。”下属又问其依据何在，林肯说：“敌人多于我们三四倍。我军40万，敌人不就是120万至160万吗？”为了对军官夸大敌情、开脱责任提出批评，林肯巧妙地开了个玩笑，借调侃之语嘲笑了谎报军情的军官。这种批评显然比直言不讳的指斥要好多了。

其实，许多时候批评的效果往往并不在于言语的尖刻，而在于形式的巧妙，正如一片药加上一层糖衣，不但可以减轻吃药者的痛苦，而且使人很愿意接受。批评也一样，如果我们能在必要的时候给其加上一层“外衣”，也同样可以达到“甜口良药也治病”的目的。

有一天中午，查理·夏布偶然走进他的一家钢铁厂，撞见几个工人正在吸烟，而在那些工人头顶的墙上，正悬着一块“禁止吸烟”的牌子。夏布没有直接批评工人。

他走到那些工人面前，拿出烟盒，给他们每人一支雪茄，然后请他们到外边去抽。那些工人已知道自己破坏规定，可是他们钦佩夏布先生不但丝毫没有责备他们，而且还给他们每人一支雪茄当礼物，工人们在高兴的同时，更觉得破坏规定很不应该。

当我们要劝阻别人一件事时，应该有意绕开正面的批评，这是必须要记住的。如果有这个必要的话，我们不妨旁敲侧击地去暗示对方。对人正面的批评，那会毁损了他的自信，伤害了他的自尊。如果你旁敲侧击，对方知道你用心良苦，他不但接受，而且还会感激你。

道歉

在日常工作和生活中，有时我们会因为某种原因而打扰别人，影响别人，或是给别人带来某种不便，甚至给别人造成某种损害或者伤害，在这样的情况下，我们应向对方表示道歉。

通常，我们使用的表达自己的不安和歉意的词语有这样一些：“对不起”、“请原谅”、“很抱歉”、“打扰了”、“给您添麻烦了”等。

下列各种情况，可作为我们应主动向别人道歉的例子：

无意中碰撞了别人；

因自己的过失伤害了别人；

在公交车辆上挤了别人或踩了别人的脚；

在狭窄的通道里需要在别人面前勉强通过；

因有事而必须打断别人的谈话；

当别人正在工作或阅读时突然打扰了别人；

自己失陪、失礼、失约或失手的时候；

未能办好别人托付的事情……

道歉并非耻辱，而是一个人襟怀坦白、深明事理、真挚诚恳和具有勇气的表现。如果自己给别人增添了不便和麻烦，还强词夺理，还硬说是别人不对，在客观上，这种形象是很丑陋的。所以，决不要为自己的过失寻

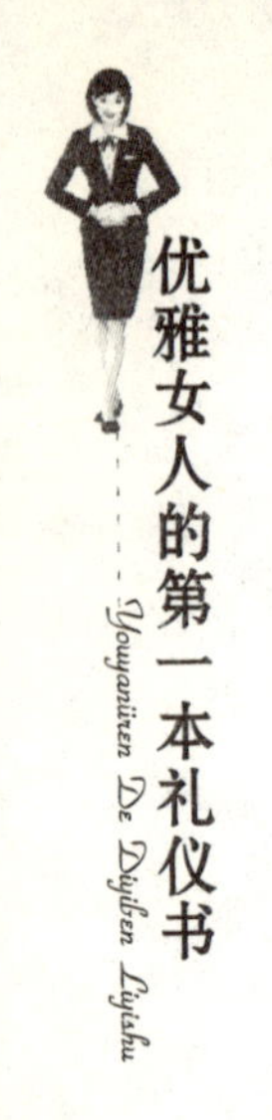

找什么借口。就像有的人在汽车上踩了别人的脚，非但不道歉，还振振有词地争辩说并不是故意的。其实，不论其原因是什么，你踩了别人的脚总是无法改变的客观事实。因此，要勇于向别人道歉，这只会表明我们自身所达到的文明程度。

道歉的基本原则是直截了当，不要扭扭捏捏。道歉时要真诚、专注，不要手头边干着事情（如翻阅报纸、信件）边道歉，这样对方会觉得你是在敷衍，也就不会原谅你。

道歉意味着担责任。有的人再三解释，找到很多借口，恐怕对方也不会谅解的。一位女士在女友家留宿，因吸烟不慎把女友的被子烧了一个洞。她后悔莫及，赔钱吧，女友准不肯接受。她便请来一位手工精巧的女工，补好了那个洞，并告诉女友："工钱我已经付过了。"这种做法就很聪明、得体。

向亲近的人及时道歉同样重要。不少人似乎以为，熟人、亲戚、夫妻之间不要拘泥那种礼节，其实不然。有一位丈夫，经常当着他人的面指责妻子，事后也不道歉。一天妻子把他送的玫瑰上的花全部剪掉，将刺放在他的枕头上，与他分手了。

有些情况下，不管你对不对，是否后悔，都应向对方道歉。例如："你和上级、下属或同事争论，脱口说出他是"笨蛋"；你和爱人打架，虽然你是对的；你议论他人的短处，而被对方无意中听见等。

接受道歉和向人道歉同样重要。有一位母亲，她的孩子向她道歉之后，她总要和孩子拥抱、亲吻。她说："我要让孩子们明白，他们对所做的错事道歉后，同样会得到爱，相反，不应该为了得到爱而隐瞒所做的错事。"

致谢

生活在现代社会里，人际交往是非常密切频繁的。同时，需要得到别人帮助的情况也是经常存在的。无论何时何地，只要别人为你提供了帮助，为你付出了时间、精力或者劳动，你都应该表示感谢，即使这种帮助是极其微小的。

作为致谢语，“谢谢”或者“非常感谢”可说是礼貌用语中最基本和最简单的语词之一。当你对别人说“谢谢”两个字时，就意味着你已充分认识到别人为你提供的帮助，而忽略这一点，则是非常失礼的行为。至少，这会在客观上造成一种错觉，似乎你把别人的帮助看成是理所当然的；或者别人会猜想是否你对他的帮助感到不够满意。

正是出于上述原因，在面对下列情况时，向人致谢是必不可少的：

当别人为你端上一杯茶时；如果有人邀请你一起进餐；当有人在街上为你指了路时；你抱着孩子乘车，有人热情为你让座时；当营业员把你要买的东西递给你时；当有人为你捡起你掉下的东西时；当有人送给你礼物时……

在向人致谢时，还必须注意两点：

其一，事情不论大小，致谢都要真诚。就是说，任何人为你做了一些事，不管事情多么微不足道，也不管对方是你的上级还是你的下属，你都应该真诚地致谢，而不是敷衍了事地打发人家。这里真诚是个关键。

其二，要及时向人致谢，方式则可多样。就是说，当别人帮助了你时，你的反应要快，要及时地向对方致谢。至于致谢的方式，则可以多种多样，如直接口头致谢、书面致谢、电话致谢、由他人转达谢意等。

总之，学会并习惯于向人致谢，将有助于创造一种乐于助人的良好社会风气。

真诚

德国哲人黑格尔曾经说过：“同样一句话，从不同人嘴里说出来，具有不同的涵义。”其实，同一句话，即使是从同一个人嘴里说出来，也可能因为音强、音调、音质的不同，面部表情有异，而带有不同的涵义，给人以不同的感觉。所以，要在说话中表现友好，除了说话内容以外，还要控制声调、表情等因素；除了有声语言外，还要借助无声语言。例如，说“请”字时，语调先低后高，带有起伏不稳的拖腔，眼睑下垂，脸往上支，

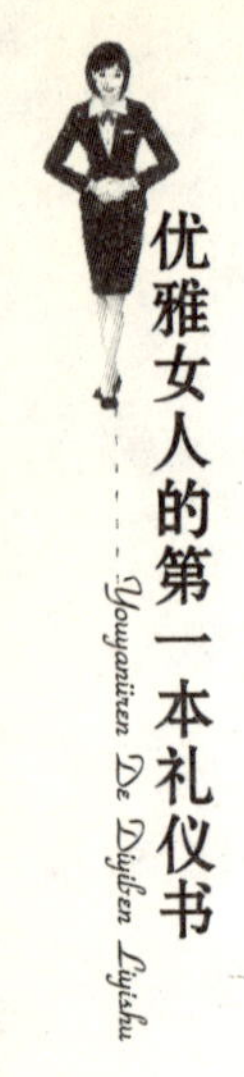

就给人以酸溜溜的感觉；这样的“请”，多半是在无可奈何的情况下，或者是要讥讽对方的时候而说的。如果说话语调短促有力，表情紧张，两眼直视，则给人以命令的印象；这样的“请”，大多是在上级对下级或者是要显示居高临下的地位时说出来的。只有在说话时语调平稳，音强适中，音质柔和饱满，表情轻松自然，面带微笑，才给人以客气、礼貌的感觉。

美国心理学家阿尔培特曾经通过研究，给友好的谈话下了一个定义，立了一个公式，他认为：“谈话的友好＝7%的说话内容＋38%的声调＋55%的表情”。通过这一公式，我们不难看出，谈话中的语言以及表情的重要性。意大利著名悲剧家罗西有一次应邀为外宾表演，他在台上用意大利语念了一段台词，尽管外宾听不懂他念的是什么内容，但却为他那满脸辛酸，凄凉、悲怆的语音、声调、表情所感染，大家禁不住泪如泉涌。当罗西表演结束后，翻译解释说，刚才罗西念的根本不是什么台词，而是大家面前桌子上的菜单！

在社会交往场合，有的人总是力图用语言来掩饰自己的真情实感，他们的语音、语调、语速、姿势、表情、动作等这些无声的东西又将他们的真实心态暴露无遗，甚至即使他们的嘴保持缄默，他们的眼睛也往往会传情达意。

当然对于一个训练有素的人来说，声调表情等是可以自己控制的，他们可以用此来调控自己的外在表现，给人以假象。对于这种情况，应多加注意，综合观察，综合分析，去伪存真，由表及里。

即使是普通的人，声音、语调等东西也有可塑性和稳定性，也需要多加思考，才能作出准确的判断。例如：说话速度很快，可能是因为紧张，也可能是因为精力充沛；说话速度缓慢，可能是因为老成，也可能是没有兴致，或者力不从心；说话音量大，可能是身体好，中气足，也可能是因为激动，愤怒；说话结结巴巴，语无伦次，可能是因为缺乏自信，也可能是因为言不由衷；说话痛快，无停顿，可能是因为坦诚真实，也可能是在毫无根据地胡编乱造。

呼应

美国社会心理学家哈特曼曾做过一个实验：在一次选举前，他为同一个党准备两份内容相同的宣言。其中一份是用理性思辨的方式写成的，另一份是用浓厚感情写成的。然后，他将这两份宣言同时印发出去，结果发现，在散发感情色彩浓厚的宣言的地方，选民投票赞成的人数比散发理性思辨色彩的宣言地区多。由此我们也可以得出结论，与人交往交谈的成败，关键在于情感因素。

当对方谈到与你的观点基本一致之处，你应当点头称是，用“我也有同感!”“很好，真是英雄所见略同!”等话语呼应。当对方讲到兴奋、喜悦之处或笑话幽默之时，应面带笑容，用“太有意思了!”“太逗了!”等语言呼应。当对方叙及紧张、恐怖的事情时，应面带思虑与紧张，用“真吓人!”“天哪!”等语言呼应。当对方叙说忧愁、感伤的往事时，应面露伤感、同情与思虑，可用“换了我，我真不知该怎么办。”“真是太难为你了!”等语言给以呼应。如果你在对方如泣如诉之时表现出兴奋、欢悦，在对方如诗如歌时表现出忧愁，对方就会觉得话不投机，就会闭口不言，从而也就有可能由此关上友谊的大门。

在社交场合，如果只顾自己滔滔不绝，是不礼貌的；“沉默是金”也根本行不通。当社交场合出现“冷场”的时候，我们应当“急中生智”，打破沉寂，这样做的最有效的方法莫过于“提问”，就刚才别人提到的某个话题巧妙提问。提问在内容上，可以问这个话题“为什么是这样?”“现在怎样?”“将来会怎么样呢?”在形式上，可以就你想了解的问题进行发问，还可以从相反的方向提出反问，可以旁敲侧击地探问，也可以穷根究底地追问。此外，如果你觉得刚才的话题实在不能或不该继续下去，你也不妨以谈天气、谈环境、谈饮食、谈新闻趣事、谈休闲爱好、谈养生之道等方式继续聊下去。这样既可以避免尴尬、难堪，也可由此引出新的话题。

有些沉默可能是由于特殊原因引起的，遇到这种情况，就应冷静分析

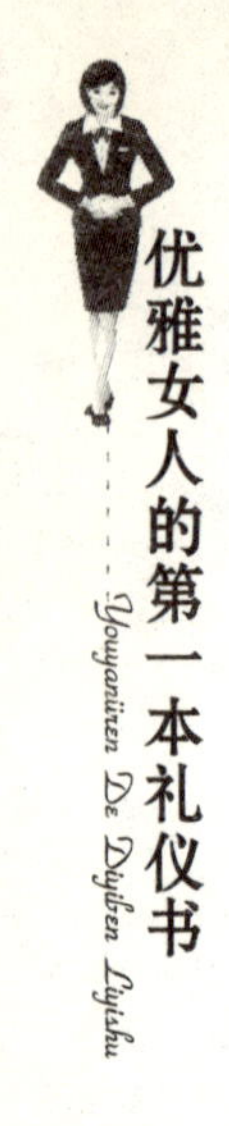

其原因，再“对症下药”地打破沉默。例如：对双方因不太了解而出现的沉默就应宽宏大量，主动将隔阂抛开，热情与对方交谈。对由于自己说话太多而引起对方的沉默，就该自觉停下来征询对方见解。对因自己的傲慢而引起的沉默就应放下架子，轻松地与对方恳谈。

能保持情感呼应与语言呼应的关键或者说诀窍就在于进入角色，设身处地地站在对方立场上思考问题，随着对方的感情变化而变化，暂时忘掉个人的喜怒哀乐。这样，就可以营造谈话的良好气氛，做一个受欢迎的谈话对象。

谦虚

谦虚本身就是一种“礼”的表现。只有在交谈中谦虚礼让，多听少讲，先听后讲，像俄国作家所说的那样，在开口之前，先把舌头在嘴里转十个圈，才容易赢得对方的好感，才可能给人以诚恳谦逊、可以信赖、可以合作的印象。

谦虚之所以是一种“礼”的表现，还在于从心理学的角度，每个人都有自我表现的欲望，这种欲望表现在交谈中，就是谈话双方都希望能够更快把全部问题讲清楚。

如果我们能在别人需要用语言表达、宣泄思想情感的时候，能自我克制一下，就能有效地满足别人的自我表现欲求。而一旦我们把这种表现机会给予了对方，对方会因此宣泄而使自己的心理压力得到一定的缓解与解脱，反过来会更加自觉地尊重和感谢我们。

美国心理学家詹姆士·罗宾逊教授认为：“我们对于自己的想法，很少会产生排斥感。于是，当我们受到别人的指正时，就容易发怒，并固执自己的想法。其实，在我们的想法中，潜存着种种信念，一旦有人想改变我们的信念，就会产生反抗心理。这时，我们所重视的并不是我们的信念，而是那面临危机的自尊心……于是就产生争论，而这些争论只是为自己的信念找个继续存在的借口罢了。”著名科学家富兰克林也认为：在讨论或反驳中，也许你赢了对方，但那样的胜利是空虚的——因为你绝对无法赢得对方的好感。”

谦虚谨慎，三思后言还可以为我们自己提供机会，它可以使我们显得更成熟，更稳重，减少在交谈中的错误。我们也许有过这样的体会，在交谈过程中，我们总在担心没有说的机会，或者说害怕自己说得太少而有失面子，于是，我们总是想抢先发言、见机插话。可是由于缺乏深思熟虑，往往词不达意，逻辑很乱，当发现后来讲的人比我们讲得更全面、更深刻。而这些全面的、深刻的东西稍加考虑，也可能讲出来时，我们就感到追悔莫及。总结类似教训，我们还是觉得三思后言为妙。俗话说：“会说话的人想着说，不会说话的人抢着说。”就是这个道理。

当交谈中需要赞美对方时，也应三思。原则是实事求是，措词得当，胡乱地瞎吹滥捧只会伤害对方自尊心。比如不要用：“你是世界上最最真诚的人”，“你是世界上最大公无私的人”，“你是世界上最漂亮的小姐”等词语赞美对方。如果赞美对方时能将赞美内容量化、具体化，是很有必要的。如：“你穿上这身衣服，至少年轻了五岁！”“你的眼睛看上去很像某某明星的眼睛，似乎比她显得更妩媚”，类似这样的赞美就需要“三思”，需要比较以后做出。

在有些特定场合、特定情景之下，我们可能不得不终止对方的谈话。如果是必须表达自己的立场的时候，可在对方说话告一段落或出现停顿时。如果是有别的事亟待处理，则需说“对不起，这次我还得办点急事，下次谈行吗?”之类的话。如果对方态度过于强硬，甚至出言不逊时，亦可用“好了，谈话就到此为止”来中止谈话。

倾听

中国有句古训，值得人们记取：人长着两只耳朵却只有一张嘴，就是为了少说多听。

交谈的过程，只有把它看做既是自己说话表达的过程，又是自己倾听理解的过程，才可能是懂礼貌，有修养的。在一般的交谈活动中，听，往往比说更重要。

现代社会中，耳朵是人们接受信息的主要通道之一。倾听他人谈话是获得信息的主要手段。可是，人们普遍在与人交往之前，总是担心自己不会说，说不好，总是在思考自己怎样才能够说得更好，而很少考虑自己可能会在与他人的交谈中，不会听，听不好，很少把自己应如何去倾听别人谈话作为起点去考虑。严格地说，这是一个人的自尊心被扭曲了的交际的观念误区，它大大地阻碍了我们身心的健康发展，有碍于我们去建立正常的友谊，有碍于我们塑造良好的自我形象。

其实，这个误区本可以从我们自己对他人交往的评价中及早发现。我们在任何交际场合，都不会喜欢那种喋喋不休的人，我们总是愿意和听我们讲理讲话的人为友。因为，我们觉得前者好胜、自私，后者善解人意。同时，那些在大庭广众喜欢高谈阔论，抢先发言的人往往语无伦次，缺乏深度，只有“少言寡语”的人常常因深思熟虑，逻辑严密，给人以“一语中的”、“一鸣惊人”之感。

倾听，可以分泛听和聆听两种。无论是泛听还是聆听，只有掌握了一定技巧，才能符合礼仪规范。

礼节礼仪

礼节，是长期以来在社会交往过程中形成的表示敬意、问候、致谢、祝颂、慰问等意愿的一系列传统习俗。它为我们生活中的活动和行为提供了一个准则，如同体育比赛的规则。

首先，我们向你提出一些问题，让你品尝一下礼节的味道：

（1）男士是否总该为女士开门，以体现“女士优先”的风度？

（2）介绍他人时，是把位尊者介绍给位低者、上级介绍给下级、男士介绍给女士，还是相反？

（3）递给别人名片时，用左手还是右手？收到名片后，应该马上收起来吗？

（4）握手时，多大的力度和多长的时间比较合适？能戴着手套握手吗？当女士不伸手时，你该怎么处理？

这些我们平时不注意的问题在某些场合会变得十分重要，一个人要做到“知书达礼”，首先要了解这些为人处世的基本礼仪。

见面的礼节

在社会交往中，无论哪个民族、哪种信仰的人，见面时都要使用各种各样的见面礼。其中，最常见、使用最为广泛的见面礼就是握手礼。握手既有较为统一的礼仪规范，又因各种具体情况的不同有许多具体样式。

世界上其他一些地方的人际见面礼主要是鞠躬、拥抱、接吻等。

1. 脱帽礼节

欧美国家以及受欧美影响的许多国家，广为流行脱帽礼。此礼源于欧洲中世纪。据说，当时武士对女子讲话时，必须把头盔举起，以示对女性的敬重。当武士们友好相见时，为了相致友情，彼此都要把头盔掀起而露出面目。久而久之，便形成脱帽礼。

在公共场合行此礼时，男子摘下帽子向对方点头致意即可。与相识者侧身已过，双方亦可回身补问“您好”，并将帽子略掀一下即可。若相识者在同一场合先后相遇，双方不必反复脱帽，只点头致意即可。当进入主人房间时，客人必须脱帽，以示敬意。在庄重场合，人们应自觉脱帽。

2. 握手

握手是现在世界上最为常用的一种表达见面、告别、祝贺、安慰、鼓励等感情的礼节。在原始时代，人们在狩猎或战争中，手上常常带有石块等“武器”，以防不测。在与人交往时，为了表达自己的友好，说明自己没带武器，于是将双手伸开并高举，这是最原始的见面礼，也可看作是握手礼的最早开端。后来，这种表达友好的方式发展成用手接触对方的胸部。据传，直到埃及金字塔时代，人们见面时才比较普遍地以两手相握为礼。据古希腊诗人荷马所言，是特罗亚人最早使用握手礼的。

握手礼在产生之后，曾被奴隶社会、封建社会的许多繁琐的世俗和宗教礼仪所取代，人们自觉或不自觉地以对神灵的顶礼膜拜、迷信盲从作为

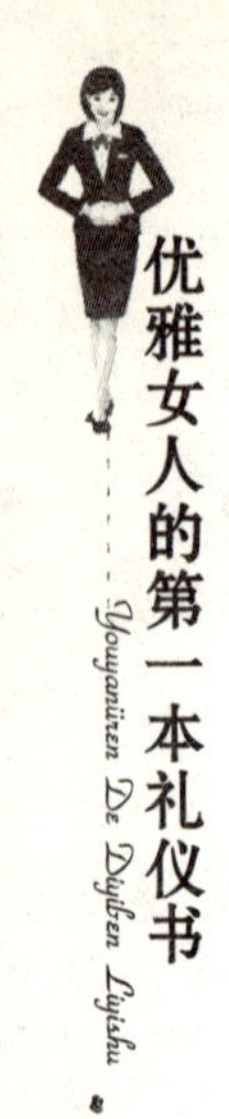

人际交往的礼节。只是到了近代，握手礼才重新在世界各地普遍流行开来，把它作为相互致意、联络、沟通的一种手段。

握手的典型样式，能够表现交际双方的性格、情感状况、待人接物的基本态度，也有助于我们在人际交往中根据不同的场合、不同的对象去自觉地应用各种具体的样式。

（1）对等式。这是标准的握手样式。握手时两人伸出的手心都不约而同地向着对方，或者说是到了最后都不得不将手心向着对方。这样的握手多见于双方社会地位都不相上下时，由于双方都“试图”处于支配地位，也可能是一种单纯的、礼节性的表达友好的方式。

（2）双握式。美国人称政客式握手。据说在历届美国竞选总统时，几乎所有的竞选人都要以这种样式对上至亿万富翁，下至西部牛仔握手。其具体样式是：在用右手紧握对方右手的同时，再用左手加握对方的手背、前臂、上臂或肩部。使用这种握手样式的人是在表达一种热情友好、诚实可靠，显示自己对对方的信赖和友谊。从手背开始，对对方的加握部位越高，其热情友好的程度显得也就越高。

（3）支配式。用掌心向下或向左下的姿势握住对方的手。以这种样式握手的人想表达自己的优势、主动或支配地位。这种人一般来说说话干净利落、办事果断、高度自信，在交际双方社会地位差距较大时，社会地位较高的一方易采用这种方式与对方握手。

（4）顺从式。与支配式握手相对，用掌心向上或向左上的手势与对方握手。用这种样式握手的人可能处事比较民主、谦和、平易近人，对对方比较尊重、敬仰，甚至有几分畏惧。这种人往往易改变自己的看法，不固执，愿意受对方支配。

（5）抠手心。两手相握之后，不是很快松开，而是双手掌相互缓缓滑离，让手指在对方手心适当停留。握手本来就是身体感觉最敏感的部位相互接触，彼此都能通过握手获得一种快感。如果再让手指在手心轻轻滑过，无疑更会使对方热血沸腾、情绪高涨。因此，抠手心式握手一般只见于恋人、情人之间或心有灵犀的好朋友之间。

（6）捏手指式。不是两手的虎口相触对握，而是有意或无意地只捏住对方的几个手指或手指尖部。女性与男性握手时，为了表示自己的矜持与稳重，常采取这种样式。

在一般的人际交往活动中，握手的机会的确很多。如见面时、道别时、祝贺时、感激时、鼓励时、慰问时都可能握手。

握手应自然大方地在距受礼者约一步时，上身微微前倾，同时伸出右手。除年老体弱或残疾人以外，坐着握手是很失礼的。在一般情况下，应由主人、年长者、身份地位高者、女性先伸手。应注意的是，在社交场合无论谁先向我们伸手，即使他忽视了握手礼的先后顺序而已经伸出了手，都应看做是友好、问候的表示，应马上伸手相握。拒绝他人的握手是很不礼貌的。

握手时间的长短因人因地因情而异。初次见面时握手时间不宜太长，一般不要超过三秒钟。在多人相聚的社交场合，不宜只与某一人长时间握手，以免引起他人误会。

握手时应双目注视对方，让两手相握时，通过双方的目光形成一个情感的“闭合回路”。边握手边说，“你好！你好！”“见到你很高兴！”“欢迎您！”“恭喜您！”“辛苦啦！”等。

握手应是双方相握的两手上下抖动，而不能是左右晃动。

拱手：拱手作揖是中国人独特的“握手”方式。只不过不是两人两手相握，而是自己握自己的手，即拱手作揖。在今天的社交、公关场合，拱手礼大有复苏之势，中国人创造的抱拳拱手的动作与西方人握手动作的原始涵义基本上是一致的。所不同的是，抱拳拱手还有同对方“保持距离”的意义，因而这一礼仪形式在社会意义上具有封闭性的内涵。

拱手作揖的基本动作要领是右手半握拳，然后用左手在胸前扶住右手，在双目注视对方的同时，相拱的手向着对方方向轻轻摇动。为向对方表示尊敬，可将双手向上抬，达到与额同高。值得注意的是，行拱手礼时，一定是用左手扶抱右手，绝对不能像现在见到的，许多不懂此礼规矩涵义的人使用此礼那样，用右手扶抱左手。这样，会起到完全相反的效果。很简单，自古以来，人类普遍习惯于用右手持握包括凶器在内的器具，用右手打击他人等。用左手抱住右手，这就意味着施礼者愿在受礼者面前收敛自己的锋芒，向受礼者表示友好。这也就是拱手作揖礼产生的缘由。

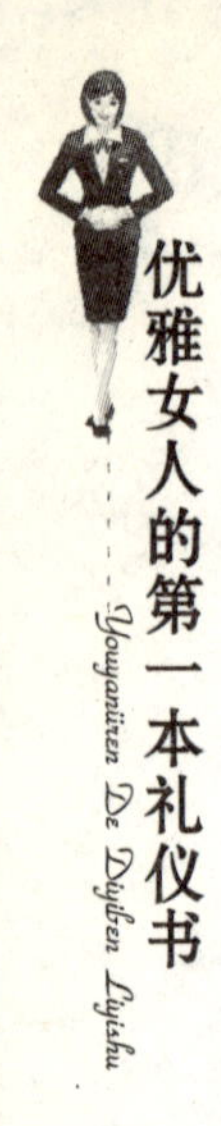

3. 鞠躬

鞠躬礼源于中国先秦时代。两人相见，弯腰曲身待之，是为鞠躬礼。现在，鞠躬已成一种比较常见的礼仪。在初见的朋友之间，熟人、同事之间、主人客人之间、上级下级之间、晚辈长辈之间，为了表达对对方的尊重，都可以行鞠躬礼。

中国人的传统礼仪中还有跪拜。它的原始涵义是与鞠躬相同的，只是跪拜比鞠躬表达的感情更加强烈。

行鞠躬礼的基本要求是：行礼者和受礼者互相注目，不得斜视和环顾；行礼时不可戴帽，如需脱帽，脱帽所用之手应与行礼之边相反，即向左边的人行礼时应用右手脱帽，向右边的人行礼时应用左手脱帽；行礼者在距受礼者两米左右进行；行礼时，身体上部向前倾约 15 度至 90 度，具体的前倾幅度视行礼者对受礼者的尊重程度而定；双手应在上体前倾时自然下垂平放膝前，尔后恢复立正姿势。通常，受礼者应以与行礼者的上体前倾幅度大致相同的鞠躬还礼，但是，上级或长者还礼时，可以欠身点头或在欠身点头的同时伸出右手答之，不必以鞠躬还礼。

日本人由于特殊的历史背景和地缘文化，形成了进出房门低头俯身，日常交际低姿势待人的民族习惯。对日本人来说，弯腰已习惯，鞠躬成自然。所以，有绅士风度的日本人一天到晚总在人际交往中弯腰鞠躬。百货商店、旅馆、饭店的服务员平均每天要向顾客鞠躬 2560 次。日本人即使在电话里向人问安和道别、承诺、请求时，也会不自觉地鞠躬。

4. 致意

随着生活节奏的加快，效率观念在人们心目中日益强烈，再回复到过去那种人际接触方式已不可能。但是，人际见面仍然应当传递一下情感，显示一下互相尊重。于是，人们创造出一种既保留传统，又有时代气息的方式——致意。

致意，又可以称作打“袖珍招呼”，指施礼者向受礼者用嫣然微笑、点头微笑、眨眼微笑、挥手微笑等方式向受礼者表达友好与尊重。

从礼源上看，挥手致意与军人举手敬礼的动作同出一源。在欧洲的中世纪，骑士们常常在王公大臣、公主、贵妇面前比武扬威，在高唱赞歌经过公主的坐席时，要同时举手齐眉做“遮住阳光”的动作，意思是把公主比作光芒四射的太阳。后来，这个动作成了军人接受检阅、遇见长官时的礼节。今天，政府官员下飞机，出席典礼时的挥手致意，常人在见面送别时的举手、挥帽等动作也是这种动作的变体。

一般来说，在社交场合，男性应当首先向女性致意，年轻女性应当首先向年长男性致意，下级应当首先向上级致意。当然，实际交往中绝不应拘泥于以上的顺序原则。长者、上级为了倡导礼仪规范，为了展示自己谦虚、随和，主动向晚辈、下级致意，无疑会更具影响力和风度，更能引起受礼者的敬仰与尊重。

在施礼者用非语言符号致意的同时，最好伴之以“你好!”“早上好!”等简捷的问候语，这样会使致意显得生动，更具活力。受礼者应当用相同的非语言符号和语言以示答礼和谢意。

5. 吻礼

接吻作为一种西方礼俗起源于古罗马。据说，当时罗马帝国的战士出征期间，对留在家里的妻子要严加约束，包括禁止饮酒。有的战士突然回家，第一件事就是要凑到妻子嘴边闻一闻，检查她是否喝了酒。后来，这个动作逐渐成了夫妻间的见面礼节。关于接吻的历史源由的另一种解释是起源于婴儿与母亲的碰嘴的情感交流方式，还有人猜测它源于史前人类互舔对方的脸来吸取盐分的习惯。需要说明的是，即使在西方，长辈吻晚辈，同性或异性朋友之间亲吻，也只限于吻面颊、额头或手背，以避免成人间的肉体接触所具有的性涵义。

6. 拥抱

在西方，拥抱是与握手一样重要的见面礼仪。熟人之间、生人之间、男人之间、女人之间、异性之间、新知故友见面，都可以热烈地抱一抱，或轻轻地搂一搂。拥抱不但是人们平常交际的重要礼仪，也是各国政府首脑外交场合中的见面礼节。

和接吻一样，拥抱也是通过身体的某一部分的接触来表示尊敬和亲热。拥抱可以理解为缩短了距离的握手，或者是胸部的“接吻”。人们在一搂一抱的同时，可以获得莫大的快感，感受到对方精神扶助的力量。

拥抱的正确动作要领是：两人在相距约20厘米处相对而立；彼此都右臂偏上，左臂偏下，右手扶着对方的左后肩，左手扶着对方的右后腰；各

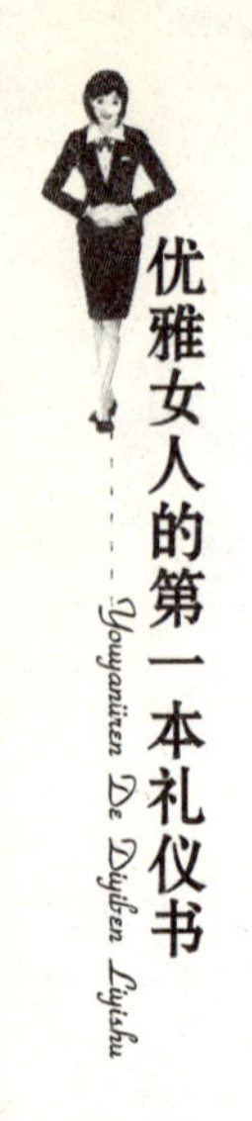

自都按自己的方位，两人头部及上身都向左相互拥抱，礼节性的拥抱可到此完毕。如果是为了表达较为亲近的情感，更为密切的关系，在保持原手位不变的情况下，双方还应接着向右拥抱，再次向左拥抱，才算礼毕。

注意，作为礼仪的拥抱，双方身体并不贴得很紧，拥抱时间也很短，更不能用嘴去亲对方的面颊。

称呼的礼仪

在任何场合与人见面或给人写信，遇到的第一个问题就是如何得体地称呼别人。

人的心理特征之一是：期望得到别人的敬称，这是希望满足自己的价值所显示的一种最普遍的“自我渴求”。应当说，热情、谦恭、有礼的态度是表现对他人尊重的一种重要方式。

对于称呼，古人就已经十分考究，大量著述无一不是人幽探微、丝毫要辨，交往之中更是谨慎，稍有差错，便会贻笑世人。今天，随着人与人交往频率的增多，人们要受到尊重的渴望越来越强烈，如何能称呼到位，满足对方的要求便显得十分重要。

（1）人称敬称。通常所用的词如“您”“您老”“您老人家”“君”等，都表明说话人的谦恭和客气。

（2）亲属称谓。对非亲属的交际对方以亲属称谓之，常适用于如车船、码头、商店、公园等非正式交际场合。

①以辈份为标准选择称呼。由于说话者与听者并无血缘关系，因此这里以辈份选择称呼只能算作一种引用的称呼。说话者把自己的年龄与听话者的年龄作大体比较，如年龄差别不大，便可作为同辈人，称之为“大哥”“大姐”或“弟”“妹”等。有时即使对方年龄小，说话者仍称之为“兄”“姐”，这仅是一种尊称而已。如听话者比说话者的年龄大得多，可以父辈或祖辈的称呼称之，如父辈的“大伯”“大叔”“大妈”“大姨”，祖辈的“爷爷”“奶奶”等。

以辈为标准选择称呼的另一种做法，是看听话者与说话人的亲属关系而选择相应的称呼。如说话人对父母的同事、朋友，即使比自己大得不多，也使用父辈的称呼，以示尊敬。

②以对方是否熟悉为标准。亲属称谓本身带有一种感情上比较接近和亲切的含义，对于陌生的交往对象又不是在正式场合，一般遵循此俗。

③以交际场合的性质为标准。在正式交际场合，有时应冠以亲属称谓的，往往也不使用，否则与语境不协调。比如：在董事会会议上，董事长即使是自己的父亲，也不能称其为“家父”“爸爸”等，而只能以“董事长”相称。

④以听话人的社会特征为标准。称呼对象的辈份，年龄越大，使用亲属称谓的频率越高，对同辈人则使用率最低。另外，同样是亲属称呼，由于被称呼对象的社会地位不一样，人们往往愿把知识分子等脑力劳动者称为“伯”“叔”“姨”，而把体力劳动者称为“大爷”“大妈”大娘”等。

（3）职业称谓。在比较正式场合，往往习惯于职业称谓，这带有尊重对方职业和劳动的意思，同时也暗示了谈话与职业有关。通常如“师傅”“大夫”“医生”“老师”等冠之以姓。

（4）职务称谓。对公职人员的称谓，无论是在正式或非正式场合，交际双方通常都热衷于职务称谓。如处长、科长、主任等，在前面冠以姓，显示了说话人对对话人的地位的熟知和肯定。而在职场上或商场上，“经理”一词便成了敬称用语，使用得相当频繁。另外，“老板”一词是对个体工商户业主的通称，由于现代人观念的转变，“老板”一词的称谓普及到社会的各行各业，如乡镇企业工厂称厂长、经理为“老板”。行政部门的下属也愿用“老板”的头衔称呼自己的上司，这是市场经济大潮下产生的广泛的社会效应的一种体现。

（5）通称。通称是一种不区分听话人的职务、职业、年龄等而广泛使用的一种称呼。最常见的是“同志”一词。现在，“小姐”“先生”“女士”等旧时的称呼渐为流行。另外，在校学生间互称“同学”，士兵间互称“战友”，这些称呼既严肃又有礼貌。

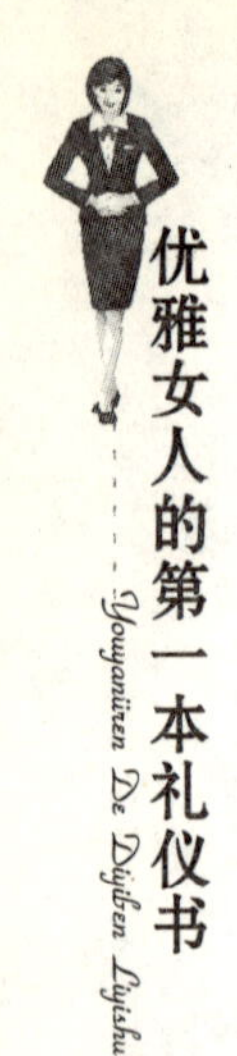

介绍的礼节

介绍，是重要的社交礼节，它是彼此不熟悉的人们开始交往的起点，通过介绍，结识新的朋友。

1. 介绍的规则

（1）将男士介绍给女士。在介绍过程中，先提到某个人的名字是对此人的一种尊敬。当介绍陌生男女相识时，介绍人通常先把男子介绍给女子，并引导男子到女子面前做介绍。介绍过程中，女子的名字应先被提到，然后再提男子的名字。如“王小姐，我来给你介绍一下，这位是李先生。”而决不能这样介绍“李先生，我来给你介绍一下，这位是王小姐。”当然也有例外，如果男士的年纪比女士大很多时，则应将女子介绍给那位男性长者，以示对长者的尊重。如：

“王先生，让我来介绍一下，这位是我单位的王小姐。”

（2）将年轻者介绍给年长者。在同性别的两人中，年轻者应该被介绍给年长者，以示对前辈、长者的尊敬。如：

“王伯伯，让我来介绍一下，这位是我的同事张志刚。”或“李阿姨，这位是我的表妹苏丹丹。”

（3）将地位低者介绍给地位高者。在年纪相差不大的男士或女士中，并不怎么计较把谁介绍给谁，但是，一般将被介绍相识的两人或几人中，有一位地位较别人高，宜将别人先介绍给他。

介绍时，正确的姿势应该是：介绍人和被介绍人都要起立；男子对男子一定要起立。当然，希望女子也要以礼相待，起身站立。不过，女方如果是年迈者，或者是正在端坐，也可以不必起立。关于这一点，最近出现了异议，主张女子在被介绍时也应该起立的人逐渐增多。

在舞会和半公开的接待会中，接待行列都应尽可能不超过四个人。虽然接待行列通常都完全由妇女组成，可是在许多情况下，也有男士在内，甚至有时全由男士接待。

（4）对女主人不认识的客人和朋友的礼节。当你带着一位你自己的客人一同参加一个宴会，旁边的人都不认识他的时候，你要记得给大家介绍介绍。这并不是说你得在屋子里绕场一周，可是，你要记得，除非这个人很有名气，否则不能期待女主人去招呼你自己的客人。让她老是把一个陌生人的名字挂在嘴边来介绍给其他的客人，实在是要求过分。

另外，在马戏表演场，跑马场或歌剧院包厢座及其他类似场合中的客人，必须把每一个前来和他说话的人介绍给男主人。如果有人挡住了他们，而不方便时，就可以不必介绍。

（5）正式餐会的礼节。在正式的餐会中，男主人应该留心，务使每一个男士都认识他要与之一同进餐的女士，可是在一个很大的餐会中，这就不一定办得到。所以一位男士如果不知道座次单上所写的人的名字是谁的话，就该去问主人，或请人介绍与她认识。

左右邻座不认识的人，通常彼此互相介绍认识。譬如一位男士可以起头说："李子明"，那么年长的女士可以答道："我是李琴。"或者一位年轻的女士说："我是杨艳。"

在摆有名片的餐会中，你可拿起你的名片给生人看，说："这是我的名字，你的呢？"同时去看他的名片。如果你的名字比较生僻或者很难听清楚时，这种姿态更有帮助。

有一项不变的规则，即所有同桌而坐的人，不管有没有经过正式介绍，都有彼此交谈的责任。几个客人坐在一起而彼此都不交谈，是对女主人最不礼貌的举动。

向众人介绍一个人的礼节。在正式的场合中，已经有很多人的情况下，不必把一个人介绍给每一个在场的人。新到者可以先介绍给一两个人，或者让他先和附近几个客人交谈。

不过，假定你是一个小型餐会的女主人，在这种小型集会中你不一定要站在门口，可是一定要面对着门。譬如说金女士和李女士都坐在你附近，张、王两位姑娘则离得较远。这时，韩女士走进来了。你就走上前跟她握一握手，然后退一旁看韩女士是否跟别的客人谈话。如果她显然不认识任何人，你可介绍金女士与韩女士认识。如果金女士年纪较轻，她就要站起来跟韩女士握手，然后再坐下。如果金女士与韩女士年纪相仿，就只要伸出手，而不用站起来。你说过一次"韩女士"以后，便不用立即重

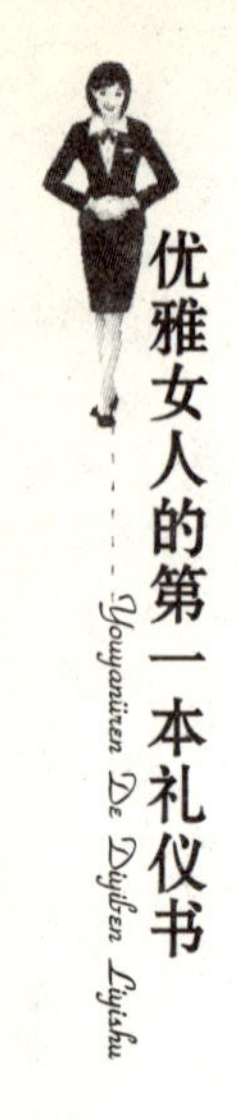

复，只要转向介绍另一位附近的女士说："李女士"。如果你高兴的话，你可以望着对面的其他几位女士，继续介绍。她们只要点点头，而不用起身还礼。

先说出那些已经在座的客人的姓名，要来得有用得多。新到的王太太当然是在注意听，可是，正在讲话的客人，可能要先听到她自己的姓名之后，才能听清楚新到者的姓名。

2. 正式介绍

正式介绍是指在较为正规、郑重的场合进行的介绍。有两条重要的介绍原则必须注意：一是把年轻人介绍给年长的人；二是把男士介绍给女士。在介绍时，先提某个人的名字表示对此人的一种敬意。正式介绍时应注意以下几个问题。

（1）介绍时一般用"请允许我向你介绍……"的说法。如"杨女士，请允许我向你介绍一下王先生。"

（2）当你将女士介绍给男士时应该先征得女方的同意。可以这样说"我可以介绍王先生与你相识吗?"得到女士的同意之后，则可做介绍："张小姐，这位是王先生"、"这位是张小姐。"

（3）向众人介绍一人时，应有一个类似征求大家意见的表示，如："请允许我把王先生介绍给诸位。"

（4）当给双方介绍后，介绍人不能马上离开，尤其当介绍的是异性朋友时，更要注意，避免双方因初次接触而感到尴尬。

3. 非正式介绍

非正式介绍指在一般的、非正规场合中进行的介绍。在这种场合中，不必过于拘于礼节，完全可以依你与双方关系的密切程度和当时的情形，做较为随便的介绍。如果是年轻人之间，更应自然、轻松些，不必讲究先介绍谁，后介绍谁的顺序。介绍时所使用的语言也简单活泼，比如"王刚，你不是想认识李强吗？这位就是李强。"最简单的方法恐怕莫过于直接报出被介绍者的名字"王刚——李强。"也不妨加上"这位是""这就是"之类的话以加强语气，当向众人介绍自己的一个朋友时，直接说句"诸位，这位是我的朋友李强"也就可以了。

一般说来，妇女被介绍给男子时，可以坐着不动，只点头微笑示意。

处于集体当中时，特别是同学或亲密朋友之间，你做介绍时，应当介绍其名而不说姓。

在非正式宴会上，如果你记不清某些客人的姓名，可以建议他们自我介绍。

在你被介绍时，不要只说“您好!”为了使对方对你产生友好之感，还应多寒暄几句。如：“哦！田先生，我早就听说您了。”还可说“您好，田先生，见到您很高兴。”

4. 自我介绍

自我介绍是交际场合中常用的介绍方式，它在某种意义上可以说是打开与人交往大门的一把钥匙。人们初次相见，彼此都有一种要了解对方的愿望，都有一种被人重视或尊重的心理。如果你能在与人初次见面后，及时简要地向对方作自我介绍，他也马上会向你作自我介绍的。社交场合有条不成文的规定：如果你是主人的朋友，那你就负有同朋友的其他朋友交谈的义务。在朋友家时许多客人相遇，如果客人们坐在一起而彼此视若路人，这对主人是很不礼貌的，如果主人无法抽身介绍，或者忘记了介绍，你就应首先做一下自我介绍，表明自己的身份。如：“我是王刚”或者“我是王刚，李强的同学。”这时对方自然也会作一番介绍。这样沉默就打破了，接下去彼此可以作进一步的交谈了。有时为了某事需要结识某人，在没有介绍人的情况下，你可以直截了当地进行自我介绍。如果能找出你与对方的某种联系，那将使彼此更容易沟通。如“是王刚吧？我记得以前我们曾见过一面。”或者“你是王刚吧？我叫李强，是你弟弟的同学。”在宴会上，如主人忘记把你介绍给你的邻座认识，你可向邻座自我介绍。自我介绍中，也可先请问别人的姓名“贵姓?”对方回答后再做自我介绍“我姓胡，古月胡。”

自我介绍时应注意的问题有以下几点：

（1）及时准确。当你叩开别人的家门，主人出来后看到从未见过的陌生人，这时，他最强烈的心理反应就是：这个人是谁呢？他来我这里有什么事呢？这时，你见到主人必须及时、简要、明确地做自我介绍。“王先生，我是××单位的技术员，名叫李强，我在科研上有个问题想向您请教一下。很抱歉，来得太仓促，事前没同您联系。”这时主人自然会邀你进

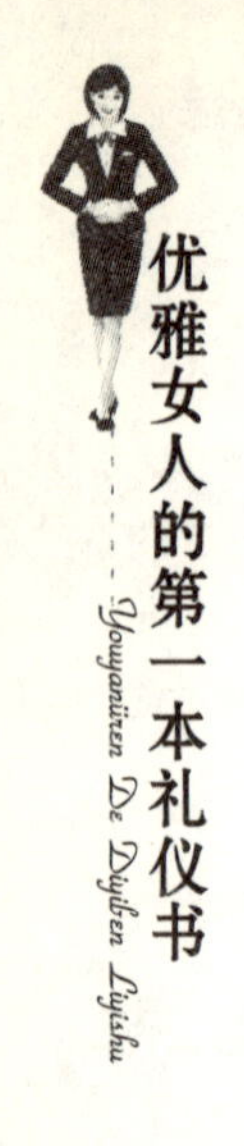

屋详谈。相反，主人出来凝视你半天，你仍沉默或前言不搭后语，主人心里会很不愉快，甚至对你产生怀疑，根本不会接待你。

（2）清楚介绍。自我介绍一般需要讲清自己的姓名和身份，以及来访目的。假如：你到某单位联系洽谈业务。你敲门进办公室后就要十分客气地向坐在办公桌边的某位先生或女士进行自我介绍："您好！我是××印刷厂的采购员，名叫李强，来贵厂联系购买一批纸张，希望您能帮忙。"通过以上简要的自我介绍，别人对你的身份、姓名、来意就了解清楚了，双方自然会交谈起来。

（3）自我介绍时应将自己的姓名、身份说清楚，以便别人称呼你。要等对方也做过自我介绍后才与之进行交谈。在刚开始交谈时，应多谈别人，少谈些自己，等彼此有了一定感情沟通后，再详细作自我介绍。

5. 商业介绍

商业的介绍习惯和一般社交惯例是完全不同的。

商业不分男女老幼，社会地位较低的人，总是被介绍给社会地位较高的人。在这种场合，不是先提及女人的名字，而是先提及地位较高的人的名字。

例如："王经理，请允许我向您介绍我的秘书魏芳女士。"

"魏女士，这是万安电器公司的王经理。"上面的第二种介绍法，我们先介绍的是魏芳女士的名字，这是因为我们把魏芳女士的社会地位看做高于王经理，尽管王经理是某公司经理也不先介绍她。

两个人的社会地位相同时，应遵循先介绍女子这一习惯。

在实业界，男人被介绍给比他地位低的女人时，男人无须起来。这是一般常规，虽然结合实际情况，也有例外。

在办公室里，一个女职员，当她的高级领导（不论男女）进来时应起立。但她的直属上级进来时，则无须起立。由于彼此经常见面，故免去这一礼节。

当女职员走进办公室时，她的老板不起立。

在简短业务谈话中你被介绍时，应该用手托着自己的帽子，在对方没请你就座前，不要坐下。

男人在办公室里、大楼内不得戴帽子。

另外，在下列场合不必介绍：短暂的相遇，例如你和别人同行，在街上遇到一位朋友时，不必介绍。（如时间较长，则应介绍）告别的客人不必介绍给刚到的客人。

6. 家庭成员介绍

记住，在向别人介绍自己的家庭成员时，总是谦恭地先说出对方的名字。这不仅是出于礼貌，而且对介绍自己的家庭成员也较方便。例如，“这是我的姐姐”或“这是我的表兄”之类的引见语，只能放在最后说。一位母亲向一个男人介绍自己的成年女儿时，会这样说：“王先生，我想请你认识一下我的女儿。”

在正式场合，丈夫介绍自己的妻子时会说：“方先生，请允许我介绍我的妻子。”

如果对方是一位男青年或者同事，丈夫会说：“子强，我想请你认识一下我的妻子。”然后再对妻子介绍说：“玉华，这是赵子强。”如果大家的年龄相仿，丈夫会直接介绍说：“玉华，这是赵子强。”暗示朋友可以用“玉华”称呼自己的妻子。

妻子在引见丈夫时，如果对方是她的朋友，她只介绍丈夫的名字海峰；如果对方仅是一般的相识，便说：“这是我的丈夫。”“我的丈夫”或“我的妻子”的引见语在任何情况下都适用，不论对方是什么人。只有在向自己雇佣的职员介绍自己的丈夫或妻子时，才称自己的丈夫或妻子为“李先生”或“王女士”。

在介绍丈夫或妻子的父母时，用“父亲”或“母亲”的介绍形式固然是出于好意，但容易使对方误会。因而，最好这样介绍：“这是我的婆婆。”或者“这是老张的母亲。”在介绍姻亲时，也最好说：“这是我弟妹。”

当介绍人把不认识的双方介绍完毕以后，如果双方都是男子的话，某一方或双方都是坐着，那么就要站起来，趋前握手，通常被介绍者应该先趋前主动伸出手来。握手时，必须要正视对方的脸庞和眼睛，并面带微笑才行，握手不要太过用力，否则会给别人粗鲁的感觉。

握手的时候，也不应只用两三只手指轻轻一握敷衍了事。正确的握法，是五指齐用，稍微一握，时间是以两三秒钟为宜。有些人握住别人的

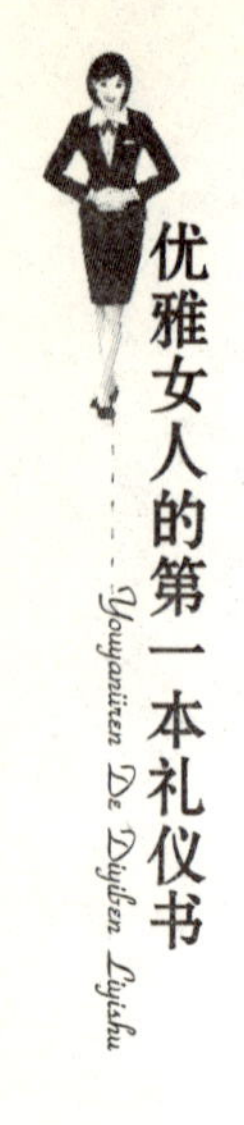

手，紧紧不放，只顾热情的说话，尤其在路上，是令人讨厌的。还有，假如你的手来不及揩干或弄脏了亦不可贸然和对方握手，这时可以含笑解释没有伸出手来的原因。

在和初相识的友人握手时，可以不必开口，但须记住对方的姓名，假如当时人数较多，来不及一一记清，那就先记住对方的姓，假如你想在握手时用语言表示一下，那么可轻声的说："我十分高兴认识你。"或简单地说声"久仰"亦可。

戴手套的男士，在握手时，需要将右手手套脱下（女士可以不必把手套脱下）。如果时间太匆忙，或在街上偶遇，来不及将右手手套脱下，也可以不脱，但不要忘记说一声对不起。戴帽的男士，在户外遇到介绍时，除非有女士在侧，否则是不需脱下帽子再握手的。

一位男士被介绍给女士认识时，他要等女士伸出手时，才能相应地伸出手去，否则伸手出来万一得不到良好反应，场面就尴尬了。但作为女士，除非十分不便，否则应该主动地伸出手来，至于坐着的女士，不管对方是男是女都不需站起来，坐着握手就可以了，除非对方是主人或长辈，但对于十七八岁以下的少女来说，对于长辈及年长的人不管男女，都要起立趋前握手，并要脱下手套。

介绍过后，假如有名片的话，应迅速地拿出来递给对方，收取的一方，如果没有的话，可道歉地说明未带备。但如果两个朋友在路上同行，碰上第三者，你的朋友只是在礼貌上给你们简单作一介绍，那么，只须跟对方点头微笑和握手便行，递名片是不合时宜的。

7. 介绍人的礼节

当你是聚会的主人时，你应主动为客人们做相互间的介绍；当有人请你将其介绍给他人时，你亦应热情表示愿意从命。日常生活中人们常常会看到这种情境：某君与他的朋友甲同行于街上，偶遇其另一个朋友乙，两人便热烈寒喧起来，置甲于不顾，令甲处境尴尬，其实这是失礼的。又如某君携新婚妻子外出，遇到旧时朋友，却不给双方做介绍，陌生异性之间不好贸然交谈或自我介绍，而男士对年轻女士不理不睬又有失礼貌，这样，不仅会令朋友手足无措，也会令自己的妻子心中不快。因此，我们在日常生活中不可忽视了主动担当介绍人的责任。介绍人的讲究有许多，这里谈几点必须注意的问题：

先向双方打招呼。要使双方有思想准备，不致于感到唐突，如“请允许我介绍你们认识一下”，然后再把双方的名字介绍一番。

注意先后顺序。这是介绍人的第一礼貌，进行介绍时一定注意先后顺序，如果把顺序搞乱了，不但会使男女之间、长幼之间心理不自然，而且会被视为失礼。

介绍时不能含糊其辞。介绍时说话要清楚明确，以免双方记不清或记差对方的姓名。如向某人介绍胡先生时，最后补上一句“胡，古月胡。”介绍“吴先生”时跟着补上一句“口天吴”。遇到有些生僻的字更应注意向对方介绍清楚，例如，向某人介绍怯（音开）先生，就应该向对方说明，这是怯先生，这个“怯”字与胆怯的“怯”是字同音不同。介绍某人的单位和身份时，还应注意对方的理解程度。例如“这位是赵先生，是‘作协’的”。如果被介绍者是文艺界以外的人士，便应做详细介绍：“作协就是中国作家协会。”以免出现因介绍不详而有过的笑话，把作家误认为是“做鞋的”。当被介绍的一方有一定身份时，最好连同单位、职位一起介绍。例如介绍某位计算机公司的朋友时，可以这样说：“王先生，这位是我的朋友岳先生，开拓公司的副经理；开拓公司是南方一家很有影响的计算机公司。”这样可使对方加深印象，易于记忆。如果有一些人不喜欢别人知道他的工作单位，而事前又对你有过关照，那就不必详细说明了。

避免过分颂扬某一个人。一般来说，谦虚的人，即使在熟友面前，也不喜欢别人替他吹嘘，在新结识的人面前更是如此。不合时宜的吹捧会令被介绍人尴尬，不好意思，介绍人本人也会给人留下“吹牛拍马”的不良感受，从而使被介绍的双方产生反感，造成难堪的局面。最令人反感的是当你介绍某个有地位的人的时候，特别强调他的重要性，而使被介绍的另一方局促不安。例如，如果这样介绍某个人：“王先生是市政府××局的常务副局长，主管全市的××工作”。但是，却绝口不提另一方的职务，这种势利作风会使被介绍的另一方心理受到伤害。

停留时间适当。一般情况下，介绍别人相识后，不能抽身便走。特别是介绍男女间相识，如果介绍人走得太快，双方可能根本无法交谈起来，

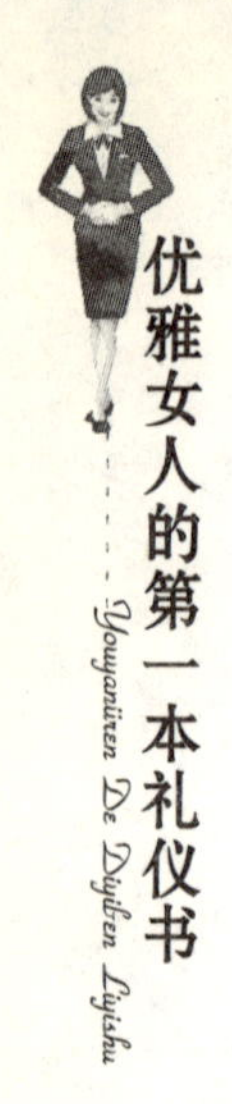

陷入尴尬局面。介绍完应稍停片刻，以引导双方交谈，待双方能够交谈后，再借托离开："你们先谈着，我进去有点事，先走了。"当然，在某种场合，该离开时迟迟不走也是不合适的。

开关门的礼节

我们每天都要几次甚至几十次开门关门。有人会说，谁还不会开门？这么简单的一件事，怎么会有那么复杂？孰不知，开门也是有学问的。特别是公司的员工，从开门中也能体现出个人的修养。

当需要进入别人的办公室或会议室时，要轻声敲门，得到允许后，轻轻推开门，门柄在右则用右手去开，门柄在左则用左手去开，不可扭着身子开门，进门后要注意不可反手关门，正确的关门方法应是面向门轻轻地关上，不可使劲关门，更不能使门发出大的声响。

当我们的任务是陪伴客人同行时，应将来客领到房门的前面，打开门先让客人进去。如果门是向外开的，应把门向自己的方向拉开，请客人先走；如果门是向里开的，应把门推开，自己先进，并扶住拉手，不让门动，再请客人进去。如果是大厅的旋转门，应该自己先进去，不要再推让客人。

如果需要使用电梯时，同行的无论是客人还是上司，如果有服务人员，应请客人或上司先进，如果没有服务人员，自己则应先行一步，走进电梯按住电钮，待上司或客人进入后，再启动电梯。下电梯时，应该让上司或客人先行离开电梯，自己后出去。如果有急事需要赶时间，可向上司或客人打招呼，然后再早走一步。

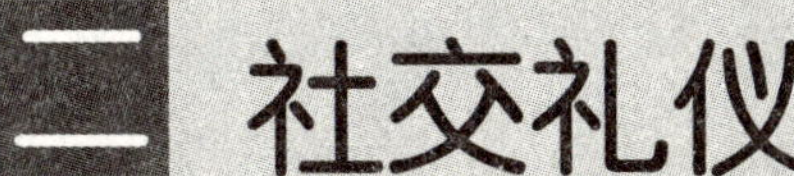

二 社交礼仪

约会礼仪

在日常社交活动中，约会是非常常见的。必要的约会有利于联络人们的感情，增进友谊。但是，约会也有一定的礼仪规范，了解熟悉约会的礼仪规范，可以使你在约会中显得彬彬有礼，光彩照人。

提出约会的礼仪

约人相会，一定要用商量的口吻，尽量选择对方有空闲的时间。如果是初次约会，就更应该把事情想的周全一些。在提出约会之前首先应该考虑得很周全，如果对方不答应怎么办？在思想上有对策，约会的方法可以用电话，也可以发短信，还可以当面提出。但不论是哪种方式，提出约会要讲究技巧，要显得很自然。比如你想约对方看电影，便可以说："最近影院正上映3D版《泰坦尼克号》，你有兴趣看看吗?"对方如果有意同你约会定会说"我很想看这部电影"。继而进一步约定时间和地点。如对方无意便会推托说"我很忙，真可惜"等。

在什么情况下提出约会较适宜，这要视具体情况而定。有时需要两个人单独在一起提出，比如看电影、听音乐会、郊游等。有时则可以在公众场合公开提出，比如小团体的活动、庆祝会、纪念会等。总之，提出约会要注意不能让对方为难。

约会时的礼仪

约会时间到了，双方都要准时赴约。如果因某种原因不能准时赴约，应立即通知对方。约会迟到必然会伤害对方的感情，是不礼貌的，甚至会让对方感到恼火的。

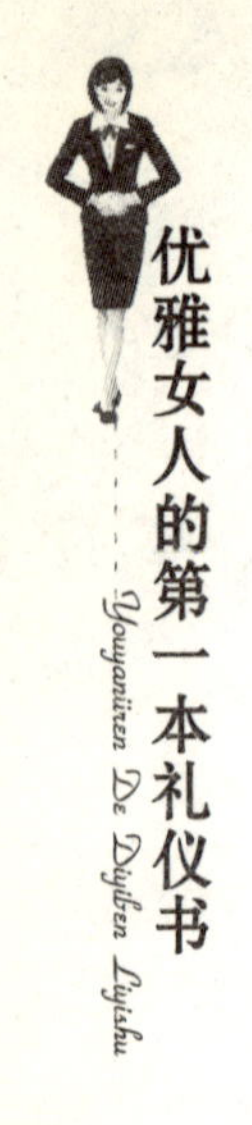

没有十分充足的理由就不能取消约会。当某人已做好精神准备，打算和你度过一个傍晚和周末时，你应尊重这种感情。

要注意衣着。有些人对衣着漫不经心，傍晚外出约会时就好像是要去采购食品或打算去擦玻璃窗。男子要充分尊重女性，反之亦然，而尊重的一种表现就在于衣着。即使你是请对方到一家十分普通的餐馆去吃饭，衣着也要讲究，不能使人有一种“廉价”的感觉。讲究衣着的一种方法是，打听一下，在你即将去赴约的地方的人们都穿些什么样的衣服。

安排约会时要考虑到双方的要求和爱好。了解一下，约会对方喜欢吃什么饭菜；喜欢到大而热闹的地方去，还是喜欢到小而幽静的地方去；喜欢到讲究穿着的地方去，还是喜欢到对衣着要求比较随便的地方去。如果是请对方去看体育或文艺表演，或是看电影，则应在买票前先了解清楚对方的爱好。

约会结束时也不要忘了自己的礼仪，应该向请你约会的人道谢。事实上，如果某人下了很大的功夫去买票，预订餐馆座席或烹饪丰盛的饭菜，你应在约会后的两三天内给他写一封道谢信或电话致谢。尽管你们两人之间互相很了解，道谢也总不会嫌多的。

男性与女性交往的礼仪

男性与女性交往时，如果男性能处处显出应有的绅士风度来，女性一定会特别喜欢的。虽然许多女性喜欢有钱的男性，拥有汽车，善于辞令和谈笑风生，但是，她们最喜欢的却是一个有礼貌的男性！她们总认为，跟一个有礼貌的男性在一起是一件乐事，因为男性的礼貌周到，会使得女性的朋友及旁人暗暗称赞。当然，女性就会自鸣得意了。做为一个具有绅士风度的男士理应具有以下风采。

虽然要维护与你同行的女士是你必须做到的事，但是，你不能够为了维护她，而逼迫其他的妇女。

进餐室的时候，你应该推门让女士先进，走出餐室时，你应该拉门让女士先出；上车的时候，你要让女士先上车，然后下车时扶她下车。

进餐室以后，你必须要等女士就座妥当后，你才可以坐下来。如果你先在餐室等她，她来的时候，你要站起来，让她坐下后你再坐下来。

进电影院就座时，订购的两个座位，应该先由女士选择一个不碍视线的座位坐下，你才得坐其余的一个。

在女士面前，如果你要剔牙，切勿口张齿露地任意而为，应该用手虚掩口部，并且动作要快捷。

在公共汽车上，不要跟女士多说话，除非对方要跟你说话才可。但，就算同行的女士要跟你说，你也得低声点，尽量避免车上的人对你们注视；当你在街道上，或其他场合巧遇到熟悉的女士时，切记不要远远就喊着她的名字，你应迅速走上前去彼此再交谈为宜。

如果你同时跟两位妇女同行时，你千万不要步行于她们两者之间，你该走在一边，最好就是沿路边行走。

如果晚上拜访女士，你是不应该逗留过久的，尽管她没有其他应酬，时间久了也是不妥的。

当你陪伴女士回家时，你务须送至家门，等候她安然入室，然后始行离去，如果时间已晚，即使她邀请你入内，你也应婉拒。

访晤礼仪

生活中，相互拜访相当常见，这其中的礼仪的重要性可见一斑了。拜访前的相邀礼仪，不论因公还是因私而访，都要事前与被访者电话联系。

拜访礼仪

到别人家拜访，一种是自己主动前往，一种是受别人邀请。若是前者应事先打电话约好时间，以防突然造访给别人带来麻烦；后者无论答应还是拒绝，都应及时告知对方，切忌答应某一邀请后，又因参加别的约会而

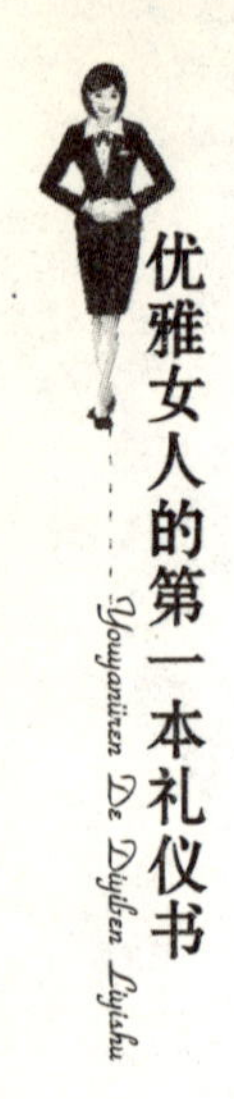

失此约。

1. 选择合适的服装

首先要整洁大方，中式赴宴无明确规定，西式赴宴请柬中往往写明"请穿礼服"，一般喜庆时应穿华丽一些，丧祭时以黑色或素色为宜，并带好手帕、面巾、香烟、打火机等物品。

2. 带好合适的礼品

根据不同宴会要准备不同礼品，如生日寿诞、结婚喜庆可送耐用、易保留的礼品，探病丧礼则宜选一次性的礼品。

3. 到达的礼仪

首先应准时到达，或稍稍提早。到达主人门前，要先擦净脚上泥土，叩门铃切忌重手重脚或时间过长。进门后要将大衣、雨具交给主人安置，并向主人问候、寒暄，还要向在场的主人家属和其他客人打招呼，待主人安排或指定座位再坐下。对端茶敬烟的主人要起身道谢，双手迎接，点烟时必须站起来，身体前倾并致敬意。不应乱丢乱弹乱扔果皮、果核、烟灰、烟蒂。

如果朋友家中有老人，要主动与老人打招呼，不能对屋里的其他人视而不见，谁也不理，就直奔你的朋友。如被访问的是年长者，主人没坐下，自己不能先坐下。同时要注意民族风俗和主人习惯。要向主人说明来意，以便主人接待。如有其他客人在场，可先在一旁静坐一下，不要打断对方谈话。在朋友家里要注意自己的仪表，讲究站有站相，坐有坐相，要大方，彬彬有礼。主人献上的果食，要等其他客人或年长者动手之后，自己再取用。即使在最熟悉的朋友家里，也不要过于随便。在朋友家室内吸烟，要尽量克制，免得弄得满屋是烟，特别在冬天更应注意。烟灰烟蒂要放在烟灰缸内，不能轻易往茶碗、食碟内乱放，也不要乱丢果核果皮，更不可乱翻主人的东西。

如果你带着小孩，要教育他懂礼貌，让他称呼主人家里所有的人，不要让他在屋里乱跑、乱叫，不要随意动主人的东西、乱翻主人的抽屉和柜子等。

4. 保持合适的举止

第一件不应忘记的事情是打招呼，尤其要与女主人打招呼，并对主人的宴请说一些赞扬话，为主人创造融洽、热烈的气氛。入席时要按既定次序入座，不可贸然坐下。坐在餐桌前要注意体态礼仪，主人祝酒时要专注地听，主人敬酒时要起立回敬，即使不会饮酒也应沾沾唇以示尊敬，待主人招呼后才动筷夹菜。进餐中要注意饮食礼仪，席间谈笑应多谈些愉快、轻松的话题，要尽量避免中途离席，确实无奈应向主人说明歉意方可离去。

待客礼仪

家里有客人来访，应提前作准备。主人的服饰要整洁，家庭布置要干净美观，孩子要妥善安排教育，水果、点心、饮料、烟酒、菜肴等要提前备好。如果是正式宴请，如婚礼、寿诞等，还要预先送请柬或电话邀请，确定宴请时间、场所，排好座次，遴选客人，落实宴请形式、规模、档次。

1. 迎接客人

客人在约定时间到达，主人应提前到门口迎接，不宜在房中静候，最好夫妇一同前往，而女主人在前。如果有客人突然临门，要热情相待，若室内未清理，应致歉并适当收拾，但不宜立即打扫，因为打扫有逐客之意。

见到客人，应热情招呼，女主人应主动上前握手。如果客人手提重物，应主动帮忙，对长者或体弱者可上前搀扶。进入室内应把最佳位置让给客人坐，如果客人是初次来访，应向其他家人或客人作介绍。主人要面带微笑，步履轻松，不能有疲惫心烦之相。

2. 敬烟、饮料

一般情况下，来客是男士，一落座马上敬烟。敬烟忌用手直接取烟，应打开烟盒弹出几支递给客人面前请客人自取，敬烟不能忘了敬火，若主人也会吸，应先客后主。冲泡茶时首先要清洁茶具，多杯茶时应一字儿排开来回冲，每杯茶以斟杯高的2/3为宜，应双手捧上放在客人的右手上方，先敬尊长者。

3. 陪客交谈

客人坐下，奉敬烟茶糖果之后，应及时与之交谈，话题内容可因实际

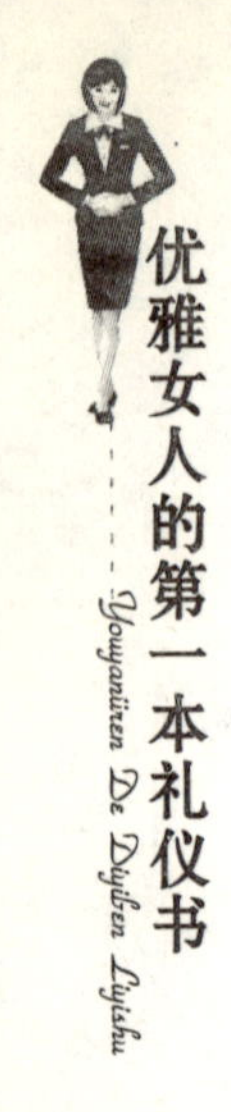

而定。一般来说应谈一些客人熟悉的事情，若无法奉陪客人交谈，可安排身份相当者代陪或提供报纸杂志、打开电视供客人消遣，切不可出现主人只管自己忙，把客人晾在一旁的现象。

4. 送客礼节

当客人散席或准备告辞时，主人应婉言相留。客人要走，应等其起身后，主人再起身相送，家人也应微笑起立，亲切告别。若客人来时带有礼物的，应再次提及对礼物的感谢或回赠礼物，并不忘提醒客人是否有东西遗忘，或有什么事需要帮忙。送客应送到大门口或街巷口，切忌跨在门槛上向客人告别或客人前脚一走就“啪”地关门。如果是初次来客，主人应主动指路或安排车辆接送，远方来客则应送至火车站、机场或码头，并说祝愿话或发出再来的邀请。

探病礼仪

在生活中，去医院看望有病的家人、同事、朋友，乃是人之常情，也是社交的重要内容。这样彼此可以加深了解，增进感情，使病人和家属得到精神上的安慰。

如果病人住在医院里，要在医院允许的时间范围内，去医院探望病人。否则，既破坏了医院的正常工作秩序，又影响了病人的治疗和休息。探病时要注意以下事项：

1. 言行举止得当

由于特殊的心理状态，人在患病期间都相当敏感。探望病人如果言语不慎或举止不当，往往会给病人带来思想负担以至更大的苦闷，这就违背了探望病人的初衷，要注意以下几点：

（1）不大惊小怪，当看到病床周围的医疗器械时，如管子、瓶子等东西时，切莫大惊小怪，那样会使病人增加一种无形的压力。

（2）见到病人要像平时一样握手（不宜握手的病除外），亲昵的表示常能传达出言语不能表示的情感。

（3）目不旁顾，说话时要看着病人的眼睛，不要东张西望，使病人感到你在真心实意地关注他。

（4）注意问话不要问："你怎么啦?"最好问："你今天感觉好多了吧?"

（5）多做鼓励要有分寸地用乐观的话鼓励病人。不可提及使病人不愉快的或伤害病人自尊心、信心的事情，因为病人需要的是安慰和鼓励。

（6）不要时间过长，看病人的精神状态掌握时间。

2. 携带礼物

按照日常的习惯，探望病人总是需要带去一些礼物。探望病人时，可以带鲜花和书。最好选择香味比较淡雅的鲜花，因为浓郁的花香会使体弱的病人感到头晕。探望病人时，还可以送去食品。送食品时，要弄清楚病人得的什么病，哪些食品有利于他战胜疾病，他又愿意吃，哪些食品不宜食用，病人不愿意吃。送的符合病人的心愿。

探视完毕后多对病人说一些吉利话，比如说，祝你早日康复等。

馈赠礼仪

馈赠是人际交往中的一种表达友情、敬重和感激的常用礼仪形式，其目的在于沟通感情和保持联系。

馈赠的时机

礼尚往来是人际交际活动的主要内容，一般来说，春节、中秋、端午、生日、结婚、生子、圣诞、情人节、母亲节等都是送礼的最好时机。另外，除了业务上联络的请帖，其他几乎都是收请柬必送礼的。送礼多少则可灵活掌握，古话说："交浅礼薄谊深礼厚"，当然这还得结合个人、家庭的经济等具体情况而定。

送礼应注意宴会举行的时间和地点，按照惯例，礼物要求在宴会举行

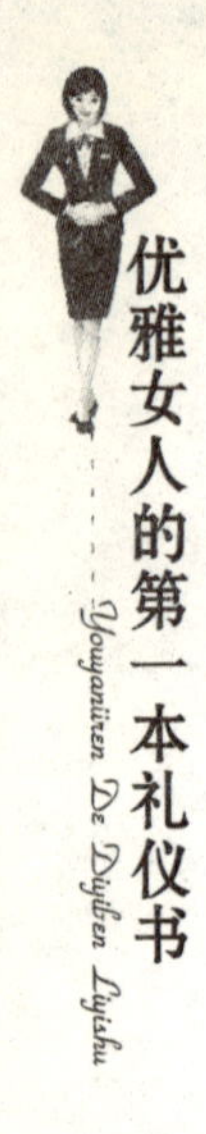

之前送到主人家才表示恭敬，否则临宴时才送礼就有点失敬了，尤其是婚礼、大寿等较为隆重的宴会。

归纳起来，下面几种情形得考虑送礼：

1. 喜庆嫁娶

乔迁新居、过生日做大寿、生小孩、嫁女娶亲等亲友喜庆日子，应考虑备礼相赠，以示庆贺。亲友去世或遭不幸，也要适当送礼以帮助解决困难，表示安慰吊唁。

2. 欢庆节日

我国传统节日为春节、端午、中秋、重阳等，西方化的圣诞节、情人节、母亲节等都可作为送礼的时机。

3. 探望病人

去医院或别人家中探望病人应带点礼物。

4. 酬谢他人

当自己在生活中遭到困难或挫折，亲朋好友对你伸出过援助之手，事后应考虑送点礼物以表酬谢。

5. 亲友远行

为了祝愿亲友一路顺风，安心离开家人远去外地求学、工作，送上一份礼品以表心意，表示纪念。

6. 拜访、作客

当你拜访或作客时，一方面对打扰对方表示歉意或接受对方款待表示感谢，一方面表示自己的问候，往往也要带上一份礼物登门。

7. 还礼

接受过对方的礼物，就等于欠着对方一个人情，或者在对方送礼离开时还附一份自己的礼物，或者事后在类似的场合向对方送上一份礼品。

馈赠的礼品

馈赠之前，要对礼品进行认真选择，首先是考虑对方有什么爱好、兴趣和禁忌；其次要考虑送礼的原因和目的，尽量使礼品恰如其分；同时送礼不可太贵重，过于贵重的礼品易使对方产生不安，有行贿之嫌，总觉得背负你的“人情债”就事与愿违了；最后还得注意礼品的包装。下面针对不同受礼对象介绍有关礼品的选择：

1. 情人节的礼物

情人节是恋人之间、夫妻之间表达爱慕尊敬之情的一个节日。故恋人间、夫妻间均可以通过送礼来传递爱慕的感情。鲜花是情人节最好的礼物，一朵玫瑰表示自己对对方的感情至深，雏菊表示“我想你”，桃花代表美和爱，紫色的花则告诉对方你已成为她或他感情上的俘虏。除了鲜花外，一些小工艺品如一方手帕、一把香扇、一条项链、一盒化妆品均可以是恋人间传递爱情的媒介物。夫妻之间除了互赠鲜花外，可以在情人节这天给对方制造一个惊喜，一件对方向往已久的东西，突然在情人节这天从天而降，让对方终生难以忘怀，铭刻在心。这不仅表达了节日的祝福，更加深了双方的感情。

2. 结婚礼物

要等到收到对方的请柬或通知后再携礼登门祝贺。礼品宜以家庭用品、床上用品、餐饮具或字画等工艺品为好，也可事先征求主人意见再选购。现在大都是用金钱代替礼品，可在封套上写明“贺仪”等字以示庄重。

3. 生子礼物

可送婴儿用品，如衣服、鞋帽或玩具、食品、生肖纪念章等，也可送产妇滋补营养品等。

4. 生日礼物

父母长辈生日做寿，可送寿联、寿糕或营养品、衣服布料等。夫妻生日可送鲜花、化妆品、饰物、领带等礼品。朋友生日可送贺卡、工艺品、

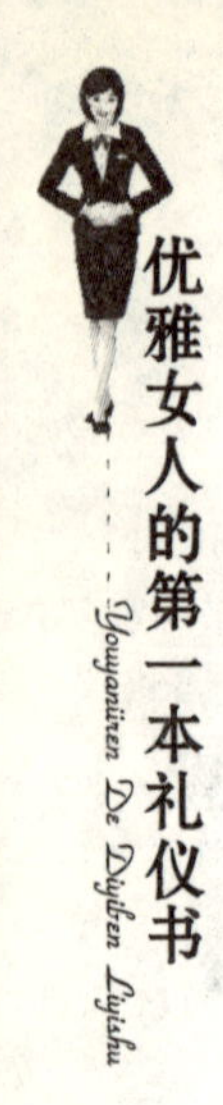

学习用品、鲜花、影集等小物件。小孩过生日，可根据小孩子的年龄、性别选择一些玩具、图书、小孩衣物、糖果等，不宜给小孩过多的钱作为礼物。

5. 节日礼物

春节送腊味、礼盒，端午节送粽子，中秋节送月饼等。

6. 病丧礼物

探望生病的亲友，应携带一些适宜病人食用的食品，如滋补品、饮料、水果等，也可送鲜花，但在送水果时要根据病情来选购。丧礼中可送花圈、挽联或“帛金”（即金钱），如送物品应以不留纪念的一次性易耗品（如酒、食品等）为原则。

7. 远行礼物

毕业升学远行时，可选择书籍、学习用品、生活用品等礼品。

8. 迁居礼物

乔迁之喜以对联、字画、镜屏、工艺品、家庭装饰品为礼最佳。

9. 开张志喜礼物

作为个人为朋友新业务的开张表示自己的祝贺，此时送上一只花篮是最合适的。单位之间，每遇同行或商务单位新业开张，那么送上只大花篮，花篮上悬挂祝贺联一对是很合适的。如希望通过对他人开张志喜的祝贺达到自己更多的目的，那么在新闻媒介作一个祝贺广告也是目前常用的手段。这种手段不仅可以达到祝贺的目的，同时更可以通过祝贺达到宣传自己的公关目的。

餐饮礼仪

现代交往几乎是离不开餐饮的，因此，参加餐饮是有一套被公认的礼仪需要遵守的，如不知晓这些礼仪，将会在饮宴上出丑。

中餐礼仪

1. 上菜的礼仪

（1）按照我国传统的礼貌习惯，上整鸡、整鸭、整鱼时，应注意“鸡不献头，鸭不献尾，鱼不献背”。

即：上菜时，不要把鸡头、鸭尾、鱼脊朝向主宾，应将鸡头、鸭头朝向右边。尤其是上全鱼时，应将鱼腹而不是鱼脊朝向主宾，因为鱼腹刺少，腴嫩味美，朝向主宾，表示尊重。

（2）在上每一道新菜时，需将上一道剩菜移向第二主人一边，将新上的菜放在主宾面前，以示尊重。

在上有图案的菜肴时，如孔雀、凤凰等拼盘，则应将菜肴的正面朝向主宾，以供主宾欣赏和食用。

2. 摆菜的礼仪

摆菜是上菜的延续，它是将要上桌的菜按一定格局摆放好。

摆菜的基本要求有：讲究造型艺术，注意礼貌，尊敬主宾，方便食用。具体来说，有如下规则：

（1）摆菜的位置要适中。散座摆菜要摆在小件餐具前面，间距要适当，一桌有几位散座宾客的，各客的菜盘要相对集中，相互之间要留有一定间隔，以防止差错；中餐酒席摆菜，一般从餐桌中间向四周摆放。

（2）突出主菜。中餐酒席的大拼盘，大菜中的头菜一般要摆在桌子中间；汤菜一般也摆在桌子中间；散座的主菜、高级菜一般也应摆在中间位置上。

（3）注意主宾位置。比较高档的菜，有特殊风味的菜，要先摆在主宾位置上，在上下一道菜后再顺势撤摆在其他地方。

（4）酒席中的头菜，其肴面要对正主位，其他菜的看面要朝向四周。菜肴的所谓看面，就是最宜于观赏的一面。各类案的看面是：整形有头的菜肴，如烤乳猪、冷碟孔雀开屏和金鱼等菜，其头部为看面；而头部被隐藏的整形菜肴，如烤鸭、八宝鸡、八宝鸭等菜，其丰满的身子为看面；冷

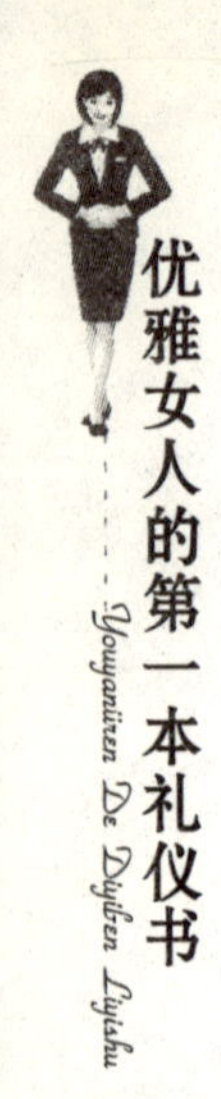

碟中的独碟、双拼或三拼，如有巷缝的，其巷缝为看面；一般菜肴，刀工精细，色调好看的部分为看面。

（5）各种菜肴要对称摆放，要讲究造型艺术。对称摆放的方法是：要从菜肴的原材料、色彩、形状、盛具等几个方面考虑，如，鸡可对鸭，鱼可对虾等。同形状、同颜色的菜肴也可相间对称摆在餐柜的上下或左右位置上，一般不要并排摆在一起。

3. 进餐的礼仪

在长期的生活实践中，人们对使用筷子也形成了一些礼仪上的忌讳：

一忌敲筷。即在等待就餐时，不能坐在餐桌边，一边拿一根筷子随意敲打，或用筷子敲打碗盏或茶杯。

二忌掷筷。在餐前发放筷子时，要把筷子一双双理顺，然后轻轻地放在每个人的餐桌前；相距较远时，可以请人递过去，不能随手掷在桌子上。

三忌叉筷。筷子不能一横一竖交叉摆放，不能一根是大头，一根是小头。筷子要摆放在碗的旁边，不能搁在碗上。

四忌插筷。在用餐中途因故需暂时离开时，要把筷子轻轻搁在桌子上或餐碟边，不能插在饭碗里。

五忌挥筷。在夹菜时，不能把筷子在菜盘里挥来挥去，上下乱翻，遇到别人也来夹菜时，要注意避让，谨防“筷子打架”。

六忌舞筷。在说话时，不要把筷子当作刀具，在餐桌上乱舞；也不要在请别人用菜时，把筷子戳到别人面前。这样做是失礼的。

进餐要文雅，不要狼吞虎咽，每次进口的食物不可过大，应小块小口地吃。在品尝已入口的食物与饮料时，要细嚼慢品，最好把嘴巴闭起来，以免发出声响。喝汤时，不要使劲地嘬，如汤太热，可稍等一会儿或用汤勺搅拌，切勿用嘴去吹。食物或饮料一经入口，除非是骨头、鱼刺、菜渣等，一般不宜再吐出来。需要处理骨刺时，不要直接外吐，可用餐巾掩嘴，用筷子取出放在自己的餐盘或备用盘里，勿置桌上。口中有食物，勿张口说话，如别人问话，可等食物咽下后回话。整个进餐过程中，要热情与同桌人员交谈，眼睛不要老盯着餐桌，显示出一副贪吃相。

最后要注意牙签的使用。正式宴会中，不宜当众使用牙签，更不可用指甲剔牙缝中的食物，如果感觉有必要时，可以直接到洗手间去除掉。在餐桌上必须用牙签时，最好用手捂住嘴轻轻剔，边说话边剔牙或边走路边剔牙都不雅观。

西餐礼仪

从总体上来讲，吃西餐的礼节比中餐规定更为严格。

西餐中都要用到餐巾。餐巾分为午餐巾和晚餐巾。午餐巾可以完全打开铺在膝上，晚餐巾只打开到对折为止。餐巾打开后应平铺在大腿上，不能围在脖子上或折在腰间。已经启用了的餐巾应该一直放在大腿上，要等散席时才拿回到桌子上。用餐中途需离席时，应稍微折一下放在椅子上。

1. 西式餐具的选用

吃西餐最麻烦的是如何正确选用餐具。餐具的选用可遵循下列原则：

（1）依上菜顺序从外向里选用餐具，通常叉置于餐盘左侧，刀和匙置于右侧。

（2）最大的匙是喝汤用的，最大的刀叉是食肉用的。

餐具的选用要依据上菜顺序来确定。而西餐的上菜顺序同中餐完全不同。首先是开胃菜或开胃酒，然后是汤、布丁、主菜、色拉、甜品、咖啡或红茶。通常先选择主菜（肉类），然后再配以其他食品。

2. 吃西餐的礼仪要求

（1）用餐就座身体要端正，与餐桌的距离以便于使用餐具为准。将餐巾放在膝上，不要随意摆弄已摆好的餐具。

（2）文明进餐。每次送入口中的食物不宜过多，在咀嚼时不要讲话，更不可主动与人谈话，避免食物喷出或掉出。

（3）喝汤时不要嘬，吃东西要闭嘴咀嚼，不要舔嘴唇或咂嘴发出声音。如汤菜过热，可等稍凉后再吃，不要用嘴吹。

（4）吃鱼、肉等带刺或骨的菜肴时，不要直接外吐，可用餐巾捂嘴轻轻吐在叉上放入盘内。如盘内剩余少量菜肴时，不要用叉子刮盘底，更不要用手指相助食用，应以小块面包或叉子相助食用。吃面条时，要用叉子

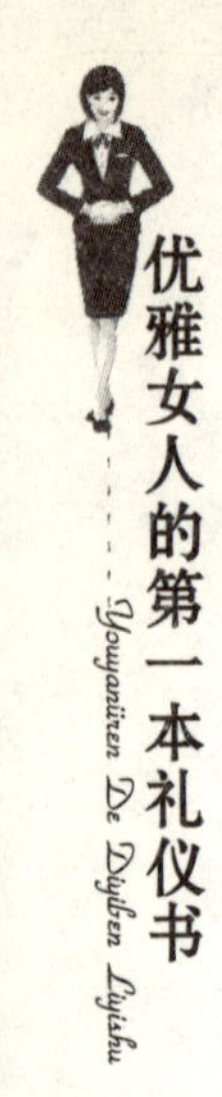

先将面条卷起，然后送入口中。

(5) 面包一般要掰成小块送入口中，不要拿着整块面包去咬。抹黄油和果酱时，也要先将面包掰成小块再抹。

(6) 吃鸡时，应先用刀将骨去掉，不要用手拿着吃。吃鱼时不要将鱼翻身，要吃完上层后用刀叉将鱼骨剔掉后再吃下层。吃肉时，要切一块吃一块，块不能切得过大或一次将肉都切成块。

(7) 不可在餐桌边化妆或用餐巾擦鼻涕。用餐时打嗝是最大的禁忌。别人讲话不可搭嘴插话。不要站立取食，坐着拿不到的食物应请别人传递。

(8) 就餐时不可高声谈笑，更不可狼吞虎咽。对自己不愿吃的食物也应要一点放在盘中，以示礼貌。

(9) 可在进餐途中退席。如有重要的事情需要离开一下，应向左右的客人小声打招呼。饮酒干杯时，即使不喝，也应将杯口在唇上碰一碰，以示敬意。当别人为你斟酒时，如不需要，可简单地说一声"谢谢"，同时以手稍盖酒杯，表示谢绝。

(10) 在进餐过程中，不可吸烟，直到上咖啡表示用餐结束方可吸烟，如左右有女客人，应有礼貌地询问一声"您不介意吧。"

(11) 喝咖啡时如愿意可添加牛奶或糖。添加后要用小勺搅拌均匀，将小勺放在咖啡垫碟上。喝时应右手拿杯把儿，左手端垫碟，直接用嘴喝，不要用小勺舀着喝。

(12) 吃水果时，不要拿着水果整个去咬，应先用水果刀切成 4 或 6 瓣，再用刀去掉皮、核，用叉子叉着吃。

(13) 暂时离开时，刀、叉应交叉摆放或摆成"八"字，以示尚未吃完。若将刀、叉并拢放在盘子上，刀右叉左，叉面向上，就表示不想再吃了。

酒礼

在酒席、宴会上祝酒，既能表示对客人的尊敬，又可增添席间的热烈气氛，可以表达对宾客欢迎或谢意。

1. 日常交往用酒礼仪

主人在为客人斟酒时，常说“满上满上”，这个“满”不是指满到杯口几乎溢出来，而是指斟满八成就行了。

主人斟酒时，客人可行“叩指礼”，表示感谢主人斟酒。行“叩指礼”时，客人把拇指、中指捏在一块，轻轻在桌上叩几下。

席上喝酒讲究碰杯，要碰杯就必须把杯中的酒喝干，一口气喝下去，还要把杯子倒过来让旁人看看杯子是干的。

在酒席上还常常有“无三不成礼”的说法，意思是喝酒一次高潮必须是三杯以上。所谓“酒过三巡”也是这个意思。

喝酒在不同地区、不同民族、不同国家还有许多不同的风俗和礼节。

日本，自古以来是饮酒的民族，喝得酩酊大醉也不为耻。成年人不仅在宴会上饮酒，在一天工作后，也往往要走进酒馆喝上两杯再回家。按照日本人的风俗，饮酒是重要的礼仪。同日本人共同进餐饮酒，应随时注意将别人及自己的酒杯斟满，酒不满杯在日本人看来是不礼貌的。还要了解日本人相互斟酒的习俗，客人在主人为其斟酒后，应马上接过主人的酒瓶给主人斟酒。在宴饮之中，客人和主人均不往自己酒杯里斟酒，而是互相斟酒。日本人认为这是主客之间平等的表示，即便是高级经理同一般办事员一起对饮，也是双方互相斟酒。日本传统饮酒的方法是：在桌子中间摆上一只装满清水的碗，并在每人桌上放一块洁净的白纱布。主人将自己的酒杯在清水中涮一下，杯口朝下在纱布上按一按，使水珠被纱布吸干，斟酒后，双手递给客人，看着客人一饮而尽。客人饮完，也将酒杯在清水中涮一下，在白纱布上吸干，同样斟满酒，双手递还主人，请主人饮尽。如此交杯换盏，尽兴而饮，表示主宾之间的亲密无间。如果是一般朋友，不必如此饮酒。在日本饮酒时，将酒杯放在桌上让主人斟满是失礼行为。斟

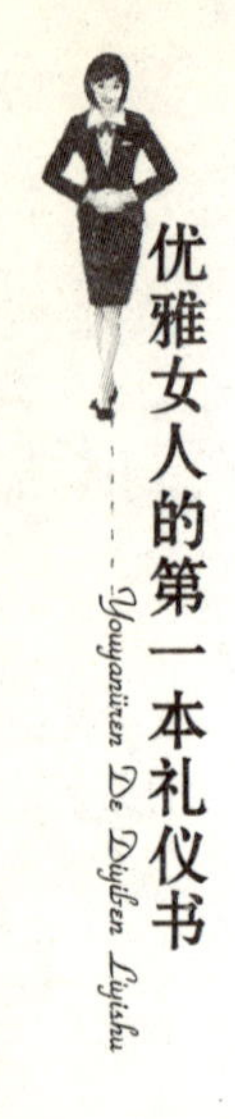

酒时要右手拿着酒壶，左手从下面托着，千万不能碰酒杯。客人要右手持酒杯，左手轻托杯底，接受对方斟酒。在一般情况下，第一杯酒接受为礼节，第二杯客气地谢绝不为失礼。日本人喝完酒往往都将酒杯扣在桌上，但是谢绝了第二杯酒的人，千万不要将酒杯扣起，要等大家都喝完，一起把酒杯扣在桌上，才是礼貌的做法。

中国人讲“酒逢知己千杯少”，日本人则是“千杯之后成知己”。可见喝酒不但是中国社会也是日本社会重要的交际手段。

2. 敬酒

饮酒之乐除了酒质优良带来的乐趣外，饮酒的气氛和场面更是一种享受，因此，文明饮酒便显得尤为重要了。

向人敬酒，是表示祝愿、祝福等。在祝酒时，应注意以下一些事项：

（1）首先应了解对方饮酒习惯，即为何人祝酒，何时祝酒等，以便作必要的准备。

（2）根据社交礼仪的规定，提议大家干杯、向来宾祝酒的只能是男主人，其他人则不宜这么做。

（3）在为欢迎某位贵宾而特意举行的宴会上，在男主人祝酒之后，男主宾也可祝酒。

（4）碰杯时，主人和主宾先碰，人多可同时举杯示意，不一定碰杯。

（5）祝酒时注意不要交叉碰杯。

（6）在主宾和主人致辞、祝酒时，应暂停进餐，停止交谈，注意倾听，也不要借此机会吸烟。

（7）碰杯时，要目视对方致意。

（8）依惯例，干杯宜用香槟酒，不用普通的葡萄酒、啤酒。

（9）参加各种宴会切忌喝酒过量致使失言、失态。

3. 碰杯礼

碰杯礼的由来有两种说法：第一种来自古希腊。古希腊人认为，在饮酒的时候，鼻子能闻酒香，眼睛能看酒色，舌头能尝酒味，惟独耳朵不能感受。为弥补这一缺憾，他们想出在饮酒前互相碰杯的主意，使耳朵能听到酒杯的清脆响声。久而久之，这种做法逐渐成为饮酒礼节。第二种来自古罗马。在古罗马武士“角力”竞赛前，双方先要喝一杯酒，以示相互勉励。但由于酒是事前准备好的，为了证明酒中没有毒，在喝酒时，决斗双方先把酒倒出互相拌和，然后一饮而尽。这种风俗逐步演变成为酒席上的碰杯礼节。

4. 干杯礼

据说“干杯”一词起源于16世纪的爱尔兰，原意为“烧面包”。当时的爱尔兰饮酒者常有这样的习惯，将一片烤面包放入一杯威士忌酒或啤酒中，以改善酒味和消除酒的不纯洁性。直到18世纪，干杯才有了今天的涵义，并发展成配以祝酒颂词。干杯时人们往往要相互碰杯，碰杯的响声与教堂敲钟一样，是为了驱恶除魔。

过去干杯还必须右手执杯，伸直与肩齐，这是为了向对方表明自己腰间没有暗藏武器，以示友好。

5. 欧美人用酒礼仪

欧美人敬客，宴请多用酒，其用酒讲究种类、配制和礼节。

（1）客人来访，久坐之后主人要以酒敬客，常以淡酒为主。女客若酒量小或不会喝酒，多以橘子汽水或啤酒解渴，这是常见的敬客酒。

（2）如果家庭请客、外交宴请，多采用鸡尾酒。饭前用酒，往往也选择鸡尾酒。饭中，改用白酒和红酒，先白后红。在用鱼虾海味的时候饮清淡的白酒，可以使海味更觉可口，随后进禽鸟牲畜等肉类食品时，则改用醇香的红酒，愈醇愈佳。席毕，还要用白兰地或香槟酒，这是常见的宴请酒。

（3）时逢庆贺典礼的欧美各国，最考究的是饮用香槟酒。

饮咖啡的礼仪

饮咖啡是外国人的习惯，但随着我国的改革开放，外国习惯的融入，我国喝咖啡的人也日渐多了起来。因此，了解一些喝咖啡的礼仪要求，是完全必要的。

饮用咖啡，一般都是用袖珍型的杯子盛出。这种小型杯的杯耳较小，手指无法穿进去。但即使是用较大的杯子，用无需用手指穿过杯耳再端住

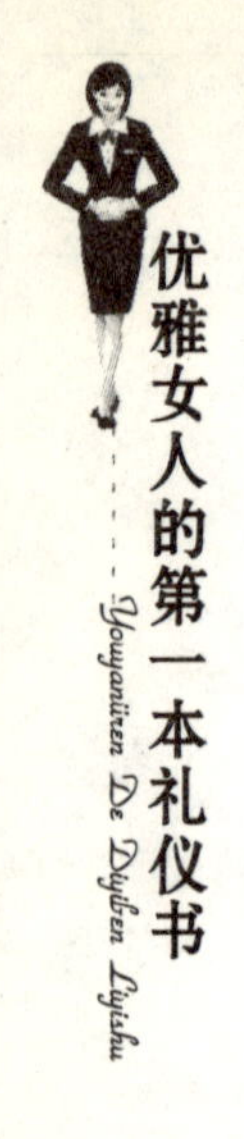

杯子。咖啡杯的正确拿法，应是用拇指和食指拈住杯把而将杯子端起。

给咖啡加糖时，如果是砂糖，可用汤匙舀取，直接加入杯内；如是方糖，则应先用糖夹子把方糖夹在咖啡碟的近身一侧，再用汤池把方糖加在杯子里。如果直接用糖夹子或手把方糖放入杯内，有时可能会使咖啡溅出，从而弄脏衣服或台布。

在用汤匙把咖啡搅匀以后，应把汤匙放在碟子外边或左边，以不妨碍喝咖啡为原则。不能让汤匙留在杯子里就端起杯子来喝，这样不仅不雅观，而且很容易使咖啡杯泼翻。也切不可使用汤匙来喝咖啡，因为汤匙只是用来加糖和起搅拌作用的。

不要用咖啡匙用力去捣碎杯中的方糖。

如果嫌刚刚煮好的咖啡太热了，可以用咖啡匙在咖啡杯中轻轻搅拌使之冷却，或者等待其自然冷却，然后再饮用。用嘴试图去把咖啡吹凉，是很不协调的动作。

盛放咖啡的杯碟都是特制的。它们应当被放在饮用者的正面或者右侧，杯耳应指向右方。饮咖啡时，可以用右手拿着咖啡杯的杯耳，左手轻轻托着咖啡碟，慢慢地移向嘴边轻啜。不宜满把握杯、大口吞咽，也不宜俯首去喝咖啡。喝咖啡时切记不要发出声响来。

当然，有时也会遇上一些特殊情况。例如，坐在远离桌子的沙发中，不便使用双手端着咖啡饮用，此时可以作一些变通。可用左手将咖啡碟置于齐胸的位置，用右手端着咖啡杯饮用。饮毕，应立即将咖啡杯置于咖啡碟中，不要让二者分家。

添加咖啡时，不要把咖啡杯从咖啡碟中拿起来。

有时饮咖啡可以吃一些点心。但不要一手端着咖啡杯，一手拿着点心，吃一口、喝一口地交替进行。饮咖啡时应当放下点心，吃点心时则应当放下咖啡杯。

在咖啡屋里，举止要文明，不要盯视他人。交谈的声音越轻越好，千万不要不顾场合而高谈阔论。

在外交场合，常常为女宾举办咖啡宴，作为夫人们彼此结识的一种有效的非正式方式。若咖啡宴于上午 11 时举行，则客人们应于 12 时之后离开。

在家中请人来喝咖啡，通常安排在下午4时以前，一般不用速溶咖啡。届时应准备一些点心，女主人负责给客人们倒咖啡，但她坐着倒就可以了。

家庭待客礼仪

客人来到家中，要热情接待。如果你事先知道有客人来访，要提前打扫门庭，以迎佳宾，并备好茶具、烟具、饮料等，也可根据自己的家庭条件，准备好水果、糖、咖啡等等。客人在约定时间到来，应提前出门迎接，以示热情之意。

家庭宴客的礼仪

因社会交往的需要，过去现在和未来家庭宴请客人都是常有的事，为了办好这种宴请，了解一下应注意的礼仪也是非常必要的。

1. 家庭宴客的邀请礼仪

邀请亲友来作客的常见方式有三种：一是口头邀请；二是打电话邀请；三是发请柬邀请。

口头邀请的方式比较多，常用于相互比较熟悉的亲友。邀请可在休息天或平时的晚上，到被邀请者家中亲口邀请以示郑重。这种方式，不但可以让被邀请者了解赴会的目的，而且当时就可知道被邀请者是否有空和乐意来参加。

打电话邀请的方式也比较常用。不论什么时候，只要主人有空就可以邀请客人。采用这种方式既可节省亲自去邀请的时间，还马上知道对方的意见。

发请柬邀请的方式，一般在举办较为隆重的宴请、被邀请者也比较多的情况下采用。发请柬的优点在于其既表示关注，又能起到对客人提醒的

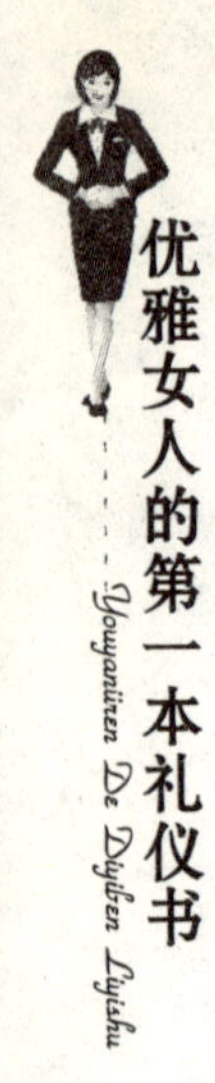

备忘作用。

2. 家庭宴请祝酒礼仪

宴请一定少不了酒，亲友相聚自然要喝上几杯。大家做到一起举杯碰盏，欢声笑语，或祝贺，或共勉，使人溶于快乐的氛围之中。宴请上喝酒没有自斟自饮的，都有祝酒的程序，一般是主人站起拿出自己家最好的酒当众打开，依年龄、辈份或尊贵的程度斟酒，如都是平辈，要按座次顺时针方向斟酒，斟酒要满，然后全体举杯共贺喜事，一饮为乐。作为客人，当主人为自己斟酒时，不能受之泰然，无动于衷，要起身或俯身，做扶杯状，以示恭敬。若无酒量或根本不会喝酒，要征得主人同意，选汽水、香槟等代之。这样祝酒的时候，不为难他人，自己也显得宽宏大量。

3. 家庭宴请劝酒礼仪

家庭宴请气氛一般是轻松、融洽、随意的。但也要讲究礼节，必要的应酬也不可少。宴席上劝酒是调节宴席气氛的重要环节。会劝酒，谈笑风声，使赴宴者皆大欢喜，劝酒不当，则会使宴席气氛沉闷，喝不出劲头来。劝酒也有讲究，有说道，但有一条，就是劝酒词要精彩，语言要贴切得体，合情入理，同时避免强劝、尊重客人的酒量，使客人欣然、主人喜然。主要目的，尽量让大家喝足、喝好。家庭亲戚间宴请最忌不分老幼、要体现和睦的大家庭气氛。

家庭接待客人的礼仪

生活中，领导、同事、下级、同学朋友到家里来坐客的事也是常有的，在家里接待客人礼节也是要讲究的。

1. 迎客礼仪

日常生活中，客人来访是常有的事。那么怎样才算是礼貌迎客呢?

当客人进门后，主人要热情迎接。如客人手提重物，应主动帮助接提。进入室内，一般情况下应把最佳的座位让给客人坐。如果客人是初次来访，还应该给家人逐个介绍一下，并互致问候。然后，可以茶水和糖果招待。如果客人不吸烟，最好主人也不吸。

客人来访时，如正赶上自己吃饭，应邀请其一起用餐。如客人的确已吃过，自己也要放下饭碗陪客，其他人则可继续用餐；即使征得客人同意，自己继续吃饭，也要先安排客人就座，并找一些书报给客人看，或让客人先听听音乐。总之，要安排一些消遣活动，免得使客人产生受到冷落之感。还要注意，不宜让客人等的太久。

2. 送客的礼仪

在客人告辞的时候，应真诚挽留，表示希望客人多坐一会儿，或用餐后再走，或多住几天，或表示希望下次再来。但应该尊重客人的意见，不可强行挽留，以免贻误客人的工作或其他事情。

客人提出告辞时，如果需要乘公共汽车或火车回家，要帮助查看车次表以免客人误车。

对醉酒或身体不适的远方客人，应劝其适当休息后再走。如客人执意要走，最好予以送行，以确保客人安全。

送客也要男女有别。特别是青年人，不要采用拉拉扯扯的方式挽留异性客人；也不要两臂伸开拦门挽留。

有些客人带着礼物来访，对此应真诚表示感谢。若由于某种考虑不便收下的话，要坦率地说明原因，婉言谢绝。在收下亲友的礼物以后，若手边有合适礼品，在客人辞别时，可回赠客人。当然，若客人执意不收时，也不必勉强，来日方长，日后到对方家作客时再馈赠礼品就是了。在有些场合，如亲友来看望老人或病人时，马上向客人回赠礼品反而不大礼貌。亲友出于经济援助的考虑而赠送的礼品，不论礼品如何，在客人辞别时都应表示真诚的感谢，绝不能因礼轻而怠慢客人。

客人携带的物品，特别是儿童玩具或食品之类的东西，若走时忘记带的话，常常不好意思回来取。所以，在客人辞别时，主人应提醒客人别遗忘所携带的东西。如客人要离去，应在客人先起身后，自己再起身相送，不要当客人刚表示辞行，就立即起身拿出送客的架式。送客的时候，对一般的客人至少要送出住房门口。对长辈、老年客人或稀客、贵客，住楼房的要将客人送（扶）下楼梯或送出楼房以外，住平房的要送出院门外，握手道别之后，要目送客人远去，不要刚和客人握手道别，马上转身而回；更不能客人前脚走，后边把门关上，而且把门关得很响，这是非常失

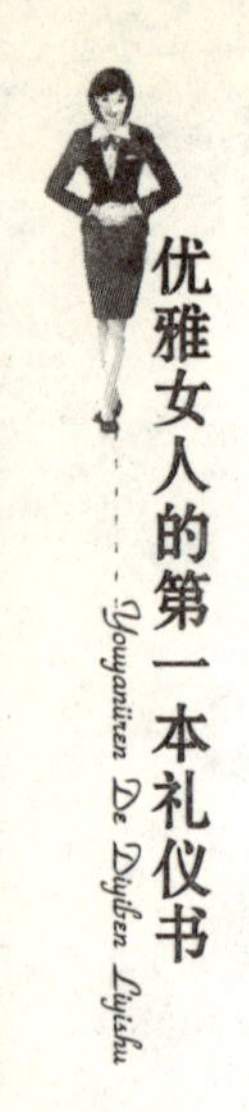

礼的。

在客人辞别时，因身体不适不能起身或出门相送时，应表示歉意。另外，可让家属代送一段路。

当远道而来的贵宾提出要走时，主人应转告家里人都知道，并一同送出。

上门作客的礼仪

1. 携带足够的钱款

住在朋友的家里，你已经节省了住宿及膳食的费用。然而，如果你期望主人家供应一切，包括紧急用途的钱，那就太不明事理了。你可以用节省下来的食宿费用，给主人家买些食物、蔬菜、水果，也可邀请主人一家到当地的餐厅去吃一顿较丰盛的饭。

2. 独自游览

了解了当地的交通情况之后，你就应该谢绝主人陪伴，独自去游览。独自外出还可以让主人家保留较多私人时间去做些事情及休息。你的体贴会令主人非常感激。

3. 尊重主人家的起居习惯

各个人家的起居习惯有所不同，因此，如果主人家透露有关日常和假期起居习惯时，要注意记清，以免打扰主人家的休息。

4. 帮忙做家务

你应该帮助主人家做些洗碗碟、洗菜、收拾房间等日常工作。主人一家将会欢迎你再来。

5. 携带礼物

带一些当地没有的食物或物品作为见面礼，将会受到热烈欢迎。

6. 保持整洁

行李箱不可阻塞着主人家走廊，起床后应该收拾好床铺被褥及自己的衣服。卫生用品要用袋子装好，别在浴室里随处放置牙膏牙刷及卷发筒等零碎物品。

7. 按照计划离开

不管主人怎样挽留也应依照原定计划离开。在被挽留的情况下离开，总比逗留至主人萌生送客之念时要好得多。

8. 表过谢意

当你回到家之后，应写一封信，送一束花或打个电话去感谢对方的照顾。

如果你遭遇到以上没有提及的情况，别忘记以主人的观点去考虑，并回想自己作东道主的时候，喜欢哪些客人，不喜欢哪些客人，以这些回忆作标准，决定自己应该怎样做。这样的话，你无论何时都会成为受欢迎的客人。

家庭祝寿礼仪

我国的生辰纪念呈现出两头重的趋势，即年龄小和年纪老的时候比较隆重。按传统说法，老年人过生日叫“做寿”，向老年人祝福叫“祝寿”。一般情况下，年纪五六十岁以上的老人才有资格在过生日时接受祝寿，而且逢五逢十的祝寿活动更隆重一些。在某些地区，为了避讳“十全为满，满则招损”的说法，改为逢九做寿，如六十九岁时做七十大寿。

1. 寿礼的安排

老年人的寿礼一般不自己操办，多由子女家人出面举行。在寿礼之前一段时间，应预先通知亲朋好友，可以发请柬，也可以发信，或打个电话，找别人带个口信。

2. 布置祝寿场所

如“寿星”年事已高，且条件许可，也可在其家中客厅里布置“寿堂”。会场中央或厅堂正中，通常张挂有“寿”字的大红寿幛，上面高悬寿匾，两旁可张挂寿联。如寿堂设在家中，还可以在茶几上摆上几盘水果，屋里设置松柏、翠竹、梅花、万年青等象征高寿与情操的花卉盆景，同时播放热烈的喜庆乐曲。

3. 举行祝寿仪式

祝寿仪式由司仪主持。寿筵开始，由家人和重要贵宾致词，大家举杯

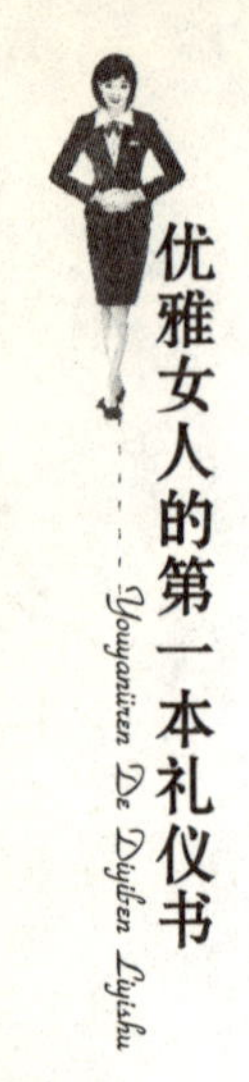

向老人祝寿。致词可长可短，表达出美好的祝福即可，特别对于年高体虚的寿星，仪式要简短。

4. 茶点余兴

大型的祝寿活动，无论在会场或家中，都可采用茶点形式。即预先定做一只较大的奶油蛋糕，然后众人分吃，并佐以水果茶点。这样既经济实惠，又能使宾客尽兴。用茶点的同时，可由文艺体育团体演出一些节目。

5. 摄影留念

参加祝寿活动的全体宾客，可与寿翁一起摄影留念。有条件的，还可摄制一些录像片。

庆贺礼仪

庆贺是公共关系交往中经常遇到的一种礼仪，是组织公共关系部门经常主办或者参加的日常活动之一。庆贺活动的形式多种多样，一般可以举行招待会、联欢会、座谈会、团拜会和文娱晚会，邀请有关公众参加。特别重大的活动可互派代表或代表团。若是跨地区、跨省市、跨国界的庆祝活动还可以通过贺电贺函祝贺。

出生庆贺礼仪

生活中适逢朋友、同事、同学和亲友、邻居家有新生命降生，前去祝贺，本身就是一种礼仪，具体地说，可以做的更细致一些，比如，可以做以下事情：

（1）写祝贺信。一般对身在外地的亲友，可用此种形式。内容同写生日贺信一致，不宜多谈其他琐事。但祝贺之外，关心产妇和婴儿健康之类的内容也是不宜忽略的。

（2）赠送婴儿礼物。包括衣服、披风、鞋帽或玩具等。

（3）赠送生肖纪念章。可根据婴儿的生肖，选购相应的生肖纪念章，并在背面刻上婴儿的姓名以及出生年月。这是一种新颖的又有永久性纪念意义的礼品。

（4）赠送有关育儿的书籍。对于年轻的父母来说，赠送给他们有关育儿的书籍，以此提高他们的育儿知识，是肯定会受欢迎的。

做到这些，应该说就不失礼仪了。

升学庆贺礼仪

生活中遇到同事、朋友的子女金榜题名，前去祝贺也是必要的，为了表示祝贺之意，也可以采取以下的做法：

（1）写祝贺信。内容除祝贺外，还可写上进一步钻研学识、将来贡献社会的互勉语句。

（2）赠送礼品。可赠送入学者一些学习用品、书籍之类礼品。也可直接向对方探询需要什么，甚至邀他一起去购买。总之，礼品应以实用为主。

（3）拍摄纪念照。可邀请亲友一起拍摄纪念照并在照片上题上贺词。

获奖庆贺礼仪

工作、学习取得成绩而获得表彰，竞赛赢得名次，评比取得奖励，都是值得庆贺的事。亲友、恋人、同学、同事等及时向获奖者表示祝贺，共同分享喜悦，不仅能增进相互之间的情谊，对受贺者也是一种鼓励和鞭策，是很有意义的。

获奖庆贺的形式有：

（1）寄贺信。基本内容可以有：①肯定获奖者所取得的成绩及其意义；②回顾获奖者走向成功之路的经历和努力；③畅谈致贺者的内心感受；④向获奖者表示祝愿；⑤向获奖者提出中肯的建议或希望。

（2）赠剪报。如亲友在事业上获得成功的事迹刊登在报上，可将文章

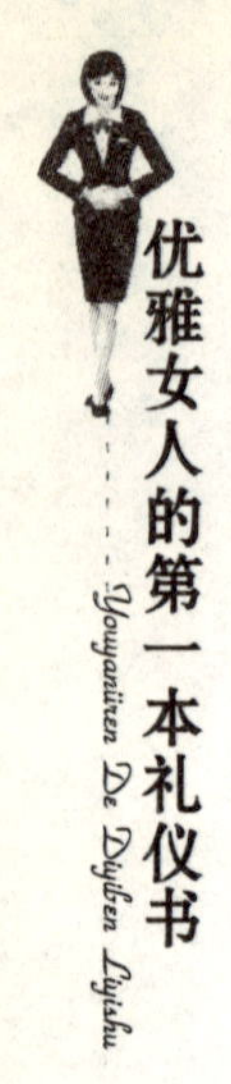

剪下，贴在纪念册上，再题上贺词寄赠亲友本人。

（3）设家宴。向亲友发送请柬，邀其到家中欢宴同庆。

（4）送贺匾。将贺匾送至亲友家中，以便挂在墙上作为长期纪念。

迁居庆贺礼仪

祝贺新居落成或乔迁，也是人们交往中要注意的事。这在我国江南盛于北方。通常祝贺的方式如下：

（1）写祝贺信。祝贺人与被祝贺者分处两地时，常使用这种形式。

（2）馈赠礼物。根据亲友的实际需要，既可以赠送字画、镜屏或工艺品之类家庭装饰品，也可以赠送吊扇、吸尘器或家具等家庭用品。总之，要从实际出发，量力而行。

（3）也可以书写贺新居的幛句和联语，为其增加喜庆气氛。

三 公共礼仪

公共娱乐场所的礼仪

公共娱乐场所最能表现一个人的修养，也能体现一个国家的人文素质。

公共娱乐场所一般是指剧院、音乐厅、歌舞厅及电影院等。这些场所中主要礼仪准则：一是不干扰演员的演出，维护文娱场所的气氛；二是不干扰观众的观看，遵守文娱场所的秩序。

剧院的礼仪

各种剧院的礼仪大同小异，首先，开演后迟到者要等到幕间休息时才能进场。其次，鼓掌应等歌声结束时，精彩唱段结束或舞蹈结束时鼓掌。在一些国家，还伴有喝彩声，有时激动得站起来，但这要看当时情况，如大家都不站起来，也不要一人站起来。演出片断后的鼓掌，也应视情况而定，应尽快止息，以免打断或影响后面的演出。

几年前，意大利著名歌唱家帕瓦罗蒂来京演出，千万歌迷为之倾倒。在演出大厅里，掌声和欢呼声甚至压倒了艺术家雄厚的嗓音。演出从始至终，观众无不站立，挥动手中节目单，这虽表示了观众的热情，但这种观赏方式也显得有些过火。

在观赏传统的歌剧、芭蕾节目时，应考虑到这些传统艺术需要的典雅环境。这与看现代爵士乐、摇滚乐队的表演，可以吹口哨、发怪声，演员激动的情绪与疯狂观众配合的环境是截然不同的。

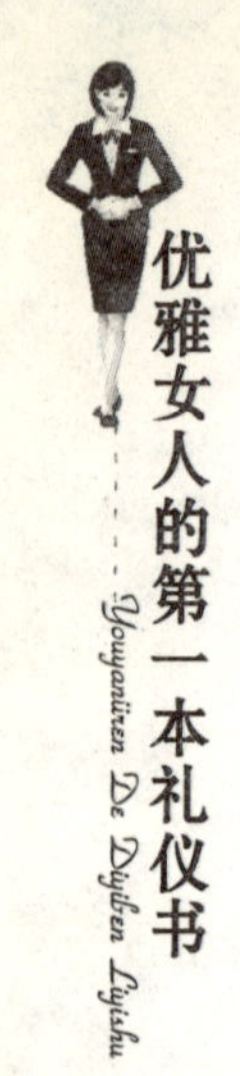

音乐会的礼仪

出席音乐会是一件高雅而庄重的事，因而出席音乐会的服饰很讲究，男士西装革履、打领带，女士则要穿上礼服并化妆。衣冠不整地进入音乐厅，必定会令人侧目。

听众均应于音乐会开始前入座。一旦演奏开始，听众就将被禁止入内，而只能在门外静听，等候中场休息时方可入内。

音乐会上不允许中途退场。

音乐会上要保持肃静。观众来到音乐厅入口处则应停止说话，脚步放轻，任何惊动场内观众的言行都是失礼的。因而在音乐会上不许交谈、打哈欠、甚至是咳嗽和翻动节目单。

每支乐曲演奏完毕，听众应以掌声向演奏者致谢。但一曲未了或乐章之间不应鼓掌，否则就如同中途打断别人的讲话一样，只会显示出自己的无知。如果某人或某组器乐演奏特别精彩，观众经久不息的掌声要求他再来一个是可以的，但不宜连续多次。

演出结束后可向演奏者献花，但在音乐会演出中途登台献花是不适宜的。演出结束后，听众应在座位上停留片刻，不要急于退场，待演奏者谢幕时，全场应起立鼓掌，以示尊敬，然后方可有秩序地退场。

电影院的礼仪

在电影院看电影较在剧院、音乐会上的礼仪要求相对松一些，但仍要求言行举止文明。具体做到：

一是在购票时排队；

二是进入电影院时主动出示票，并对号入座；

三是观众应尽早入座，不要等最后一遍铃响才匆匆入座；

四是电影院中不准许穿背心、短裤、拖鞋；

五是不要随地扔果皮核，不要吸烟；

六是情侣们不要过分亲热，既不雅又挡他人视线；

七是看电影过程中不要喧哗、交谈和叫好；

八是应等影片结束，影院亮灯时才起身离开。

歌舞厅的礼仪

在歌舞厅应注意的礼仪：一是服饰上可更艳丽，化妆可采用浓妆；二是男士应尽可能多邀请同去的女士跳舞；三是对于客人的邀请，不管是否会跳，应表现出乐于陪同，礼貌迎合；四是招待客人点歌曲目，应征求客人的喜好；五是对演员和服务员要用语文明、举止得体；六是在客人尽兴时，提出结束玩乐。

公共活动场所的礼仪

每个人都会进入各种各样的公共场合，如去旅游、逛街、参观博物馆、去影剧院等，在这些公共场所里，绝大多数人彼此素不相识。公共礼仪，就是指人们在这些公共场所应当遵守的基本礼节礼貌。

游览名胜古迹

到名胜古迹游览，要保护自然环境的优美，不能在文物古迹上乱刻乱画。照相留念时，不要到危险或不宜攀登、不能入内的地方。在一片青草、鲜花丛中留影照相当然很美，但应注意，在离你不远的地方赫然立着“爱护花木，请勿入内”的牌子，你应该打消这个念头，另找一景。需要别人帮忙拍照，或请行人稍避一下时，说话要有礼貌，拍完后向人家道谢。

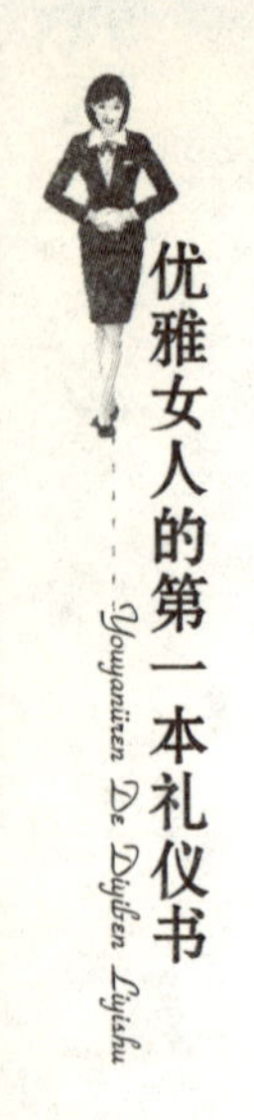

供游人休息的长椅不宜一个人躺下睡觉或休息，而不顾其他人的需要。野餐时要处理好残羹剩饭，不能人走后留下一片果皮、罐头盒和其他一些剩东西，以免影响名胜古迹的环境卫生。

在游览圣地谈情说爱时，要因时、因地为之，不可有失礼节，使游人不堪入目，退避三舍，既要尊重别人，又要自尊自爱。

公共浴场

在公共海滨浴场一定要尽力避免拥挤。带了小孩子的人应该选择最靠近小孩子玩水、挖沙沟、筑沙堡的地方。这不仅是因为小孩子在远处玩水很危险，而且也可避免小孩子来回跑和玩，会踢沙子或溅水到别人身上。你的小孩子也许非常可爱逗人，但是大多数人身上被溅上沙子或水时还是会生气的，而且有些人并不喜欢小孩子。因此，不让小孩去打扰陌生人是很必要的。同样，在从事日光浴的人群中跑来跑去掷球的活泼年轻人也常常令人厌烦，因此要引起注意。此外，在海滩上休息，也应注意不要占过多地方，不能乱丢废弃物。

与在公共游泳场一样，在公共海滨浴场，夫妇或恋人之间堂而皇之地表现亲热也是不合宜的。泳装穿着也应该注意合乎礼节。

公园和游乐场

在公园和游乐场不仅要教导儿童轮流玩滑梯、荡秋千、坐跷跷板和玩其他的游戏设备，并且也使成人乐享自己所分配的那段时间。在这种场所，往往人比较多，尤其是节假日，人多拥挤，因此一定要注意遵守社会公共秩序，玩人多的游乐项目时要自觉排队，同时要注意安全。

野餐时不要将你的东西摆满好几张桌子。虽然野餐桌上的礼貌可以比平常餐桌上的随意一点，但也不允许小孩子吃得像小野人一样，使附近的人不得不看而倒尽胃口。同时，一定要做到让公共场所像你去之前一样清洁或比你去之前更清洁。如果公园和海滩布满了纸张、罐头、残屑和破瓶子，可就完全破坏了这些最可爱的地方的景致。

要遵守公园的规则。不用说，随地吐痰和乱扔果皮、废纸是绝对禁止的。在公园里允许吃零食，但一定要保持公园的清洁。路旁的椅子可以坐下休息，但决不可在上面躺着甚至睡大觉。不能攀折园内的花木，有些草坪允许游人行走，有些则严禁践踏，必须分辨清楚，不可任意违反规定。有的公园放养鸽子、松鼠、候鸟、海鸥、天鹅等动物，不要去抓捕或挑逗。不要携带收音机或录音机在公园高声播放音乐破坏安静的环境。

你要是带着小狗或其他宠物到公园去，一定要自己看管好，别让它们到处乱跑，影响其他游人在园内的活动。

在公园内一般是可以随便拍照的，但是如果你要把别人拍进照片里，应当事先征得人家的同意。必须注意，有些人由于宗教信仰或其他原因，不让别人给他照相。

这些礼仪，在一些街心公园也同样适用。

乘坐交通工具的礼仪

随着现代社会人们的生活节奏不断加快，要求的效率也越来越高，人们几乎每天都要与各种各样的交通工具打交道。人们在乘坐交通工具时多数情况下是与陌生人同行，在这些公共场所，要讲究一定的礼仪。

乘飞机礼仪

在现代生活中，飞机已经成为普通的交通工具。中国的老百姓不但可以乘坐中国民航，而且还可能有机会乘坐外国航空公司的班机。因此大家都应当知道一些乘飞机需要通晓的礼节。

上下飞机时，均有空中小姐站立在机舱门口迎送乘客。她们会向每一

位通过舱门的乘客热情地问候。此时此刻，作为乘客应当点头致意，或者向空中小姐问好。默默无语，毫无表示，都是没有礼貌的。

大多数机场的登记行李检查制度效率很高，等的时间很短。但有时起飞时间快到了，而你却还在没完没了地排队，这难免会令人发火。对此，惟一的办法是提前去机场，准备在安全检查之前或之后排队等候。

为了避免在安全检查中耽搁时间或者出现不快，你应把金属物品装在由行李处检查的皮箱内。你自己通过的以及随身行李要通过的金属探测器很灵敏，而经过训练的检查行李的人员又非常多疑，所以如果你带的是易引起关注的物品最好装在其他行李中，不要放在随身行李内，以免使你自己和后面的人耽搁时间。

飞机上的座位都清楚地标有号码，但在你登记时，笑脸相迎的友好的乘务员仍会把你引到座位上，并帮你安排衣服和包裹。不要在通道停留，要尽快就座，以免影响后面的人。

当“系好安全带”的信号灯亮时，要迅速系好安全带。空中乘务员要检查每位旅客的安全带是否系牢。另外要自觉遵守“请勿吸烟”的信号。当许可吸烟时，只准吸纸烟。如果你的座位在“禁止吸烟”区，不要因为吸烟而打扰邻居。

在飞机上使用盥洗室和厕所的规则与其他交通工具上的相同。惟一的区别是，在飞机上男女合用一处。你应耐心等待，轮到你时，也要尽量少占时间。用完洗脸池和梳妆台，要保持其清洁。洗完脸之后，要用擦过脸的毛巾将洗脸池擦洗干净，然后将毛巾扔到收集脏毛巾的容器内。在梳头和使用化妆品之前，要用干净的毛巾铺在脸盆或台子上。在化妆完以前不要拿开。用完之后将毛巾拿下来，扔到收脏毛巾的容器内。整洁是举止文雅的第一要素，在任何地方也不要留下令人不快的不整洁的痕迹。

不要在供应饮食时到厕所去。供应饮食时，餐车放在通道里，其他人无法穿过去，乘务员也不可能将车推到通道的尽头，让你过去。如果你正在盥洗室，而“系好安全带”的信号灯亮了，应尽快回到座位上去。

有三种恶习是使前后座位的人最反感的。第一是突然放下座椅靠背。你当然完全有权放下座椅靠背，但是在这样做之前，应先看看后面的人是不是正在吃东西或者正在低头看报纸。除非后面的人长时间放下托板而不放回原位，最好是等后面的人用毕托板再放下你的座椅靠背。第二个令人讨厌的事情是用力将托板推回原位，这种震动会使前面的人吓一跳。完全可以用一只手拧松开关，另一只手扶着托板，轻轻放回原位。没有必要用力将托板推回去，或一而再、再而三地使托板卡进去。第三个令人不快的举动就是不断地碰撞别人的座位。有些人习惯于撬起二郎腿摇摆或颤动。如果你有这个习惯，最好要求坐在靠通道的座位上。这样你至少可以向着通道的方向翘腿，但也要小心，不要踢着过往的人。你也可以站起来在过道走一走，借以放松一下绷紧的双腿。

凡是愿意交谈的人，完全可以自由地和其他人聊天。反过来，如果你不想交谈，你可以用下面的解释避免与人交谈：对不起，我想安静一会或用其他托词婉拒。

经常旅行的人会很快对关于氧气面罩、救生衣和紧急出口等例行公事的说明感到厌倦。如果你已经听过无数次，可以不再听，但是应礼貌地保持缄默，让那些比你的旅行经验少的人去听。同样的规则适用于机长关于航线、窗外景致和气候的说明。有些旅客讨厌机长“啰唆”，但也有其他人是欢迎的，因此还是应保持沉默，让想听的人去听。

乘火车礼仪

火车是常用的交通工具。因此，知晓一些关于乘坐火车的礼仪知识也是十分必要的。

若有同行者，男士或年轻者应首先上车，找好座位，放好行李之后，再回头帮助女士或长者上车。下车时也应由男士或年轻者开道。

登上火车后，不能见座就坐，更不宜抢座。

进入车厢后，不一定非向在座的人作自我介绍不可，客客气气地向临近的乘客点头致意就行了。临别时应当向其他乘客道个再见。

在车上可以与其他乘客交谈，但应以不妨碍他人为宜。不要信口开

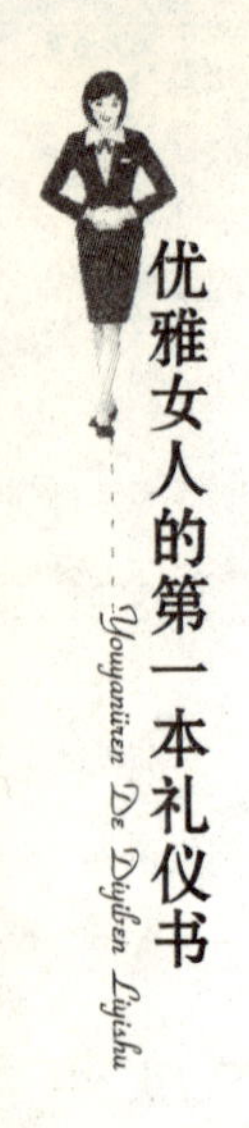

河，传播小道消息；也不要打听他人的年龄、婚否、收入等个人隐私情况。谈论车祸和下流故事也是不足取的。

假如身旁的乘客正在阅读书刊或闭目养神，就不要大声谈笑或自言自语，以免干扰别人。未经允许，不要取阅他人的书刊，也不要悄悄凑过去与别人同看一份报纸。如果他不看了，再向他借就比较好。在火车上吃的东西，最好不要带刺鼻的气味。果皮纸屑不要随手乱扔，投之窗外也不合适。

孩子在火车上的表现几乎就是其父母教养的写照，要管教孩子不准用脏手乱拿乱抓他人的物品，即便别人说“没关系”也是不许可的。要使孩子养成习惯，大小便一定得去洗手间。

晚间进入客车包厢，如遇他人正在宽衣就寝，应当到走廊中小候片刻。不要去注意他人睡前的准备和睡相。自己脱衣就寝时，应背对其他乘客，日间换衣服则应去洗手间。女士一定不要当着其他人的面化妆或整理衣裙。

车上再热也不能打赤膊，不要穿背心、短裤和拖鞋上车。有人在乘火车一坐下来就脱鞋，或把腿伸到对面坐椅上去，这些都是很不文明的。

去喝饮料和吃饭时一定要带上车票，因为列车员随时可能验票。

乘坐公共汽车礼仪

公共汽车是最常用的交通工具，同时又是公共场所之一。在公共汽车上的所作所为，完全可以反映出一个人的修养水平。因此，乘公共汽车，必须讲究礼貌。

那么，怎样做才算是符合礼仪呢?

乘公共汽车，必须排队上车，不要以为自己有要紧事就可以不排队。有教养的人不仅自己排队上车，而且会帮助妇女、老人和残疾人上车。急于冲上车去为女朋友抢座位的小伙子的殷勤献的不是地方，文明的女孩子应当阻止他这么做。

上车后应自动购票，不要等到售票员来找你。

在车上遇到孕妇、病人、老人和抱孩子的妇女，有座位的年轻乘客应主动让座。要想到你也会生病和衰老的，那时也需要受到他人的照顾。

碰到他人给自己让座，不能表现出心安理得的样子，而要立即表示感谢。假若自己不打算去坐，则应有礼貌地向对方说明。例如："谢谢！我马上就要下车了。"

乘车时要以礼待人。不小心踩了别人，应马上道歉。被踩的一方也要显示出宽容的态度，不要张口骂人。

不要把提包或行李放到身边的座椅上，座位是要坐人的。将腿长长地伸到通道上虽然舒服，可样子十分难看，男女老少都不能这么做。

带孩子的妇女不要让孩子在车上小便，也不要准许孩子站立在座椅上。不然你下车后别人还怎么坐呢？

在车上不要高声谈笑，即便你自以为讲的事情十分有趣。旁人也不一定想听，年轻人尤其要记住这一点。

在车上打喷嚏会使唾液四溅，所以想打喷嚏时一定要以手帕掩口。车上不许吸烟、吃东西或把脏东西随地乱扔，这些举止都很不合适。

恋人们要明白公共汽车上也是公共场所，故此不能亲热过度。如两人都有座位，可请女士靠窗而坐。

附近如有乘客读报，不能伸过头去"凑份子"。要是人家发觉后把报纸移开了，你就会难以下台。

下车时应由男士或年轻者先下车，然后帮助女士或年长者下车。

酒吧礼仪

现在一些大中城市，进酒吧已成为一种时尚。在繁忙的工作之余，邀几个朋友，到酒吧里听歌跳舞，是一种极好的娱乐活动。但酒吧毕竟是种公共场所，有些公共规则我们是需要注意的：

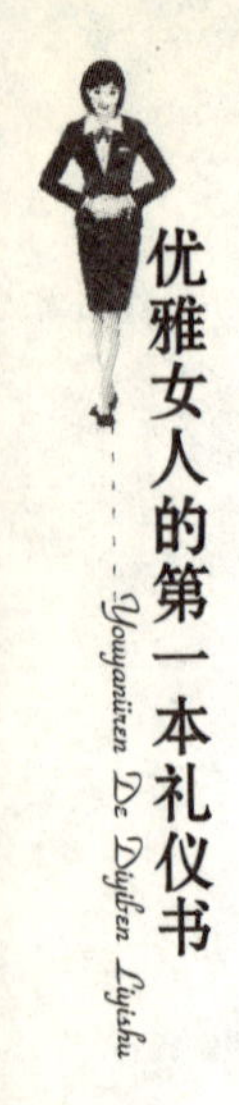

（1）酒吧不是大摆宴席的场所。如果你打算请客，那最好是去酒楼、饭店，那里天南地北各种佳肴一应俱全。而酒吧通常只供应饮料和平常糕点，吃在酒吧只是一种娱乐的辅助。

（2）若你向酒吧里的歌手点歌，你应该叫来服务员，让他向歌手转告你的意见。给歌手小费，也不可直截了当，把钱塞给歌手或扔到台上都是不礼貌的。应该把钱夹在纸里，最好藏在一束鲜花中送到歌手面前。

（3）酒吧一般都设有卡拉 OK 演唱装置，顾客可以自愿去唱自己喜欢的曲目。别的顾客唱了，应该报以掌声。自己去唱，应向服务人员通告，唱的时候要和配乐相和谐，不要肆无忌惮地乱唱。

（4）由于酒吧特定的氛围，应特别强调与异性交往的礼节，应注意举止端庄大方，言谈彬彬有礼。在酒吧里跳舞，请同来的女伴为宜。酒吧舞池不同于特别举办的舞会，它不是以社交为目的，一般不请不相识的人共舞。在国外，女性一般是不单独去酒吧的。

（5）仿西式的酒吧，柜台前都设有不带靠背的单腿皮凳，顾客可以坐在柜台前喝酒。那本是一种方便的设施，是为那些没有时间久留的人准备的。切忌坐在上面喝酒说笑，影响服务员的工作。

参观各种馆所礼仪

各个大城市都有一些展品丰富的博物馆或美术馆，那都是人们陶冶性情和增长知识的好去处。前去参观可以增广知识和提高对艺术品的欣赏水平。

博物馆和美术馆是高雅的场所，要求人们共同保持安静的环境和学术气氛。参观者应当相互理解，说话声音要低，大声说笑会干扰别人。如果有讲解员讲解，就要专心倾听，遇到有不明白的地方或问题，可以向他请教，但不宜不停地发问，以免影响其他参观者。

博物馆和美术馆一般都设有衣帽间，参观者可以把大衣、帽子以及雨伞等杂物存放在那里。男人不要戴着帽子进入展览厅。

参观时注意不要吃零食或做出其他的咀嚼声响。

参观时还要注意不可从别人的面前走过，妨碍别人观赏展品。如果必须那样做，一定要向人说一声“对不起”。

你如果很欣赏某一件展品，当然可以在它面前多停留一会儿，但是不能长时间“独占”，看了一段时间之后应当继续往前走。使别人也有观看的机会。如果别人正在观赏一件展品，你应当礼貌地对待，不要往前挤，或是妄加评论，或是对别人表示很不耐烦的样子。

如果你是带着孩子一起上博物馆或美术馆参观，应当照管好孩子，不要让孩子乱跑或高声叫喊。

在参观时，不要用手抚摸，也不要损坏博物馆或美术馆的其他设施，注意保持场地的整洁。在地板或地毯上走动，脚步要轻，不要随地乱扔纸屑。

博物馆和美术馆为了保护展品以及维护自身的权益，一般都禁止参观者摄影。有的博物馆和美术馆，即使允许照像，也禁止使用闪光灯。对于这一点，要特别加以注意并遵守。

任何一个博物馆或美术馆的讲解员都不收小费。如果是一个团体去参观，而讲解员又是专门给讲解，那么，参观完毕，可以送他一件小礼物以作纪念。

宾馆宿舍生活礼仪

住在宾馆宿舍里的顾客或同事、同学来自不同的地方，由于工作、学习的需要一暂时在一起共同生活，形成了一个新的集体。在这个新的集体里，大家要互相关心、互相尊重、以礼相待、和睦相处。

宾馆和宿舍是一个休息场所，在工作、学习之余回到宿舍打打扑克、下下棋子、听听音乐都是可以的。但要征得其他人的同意。由于我们每个

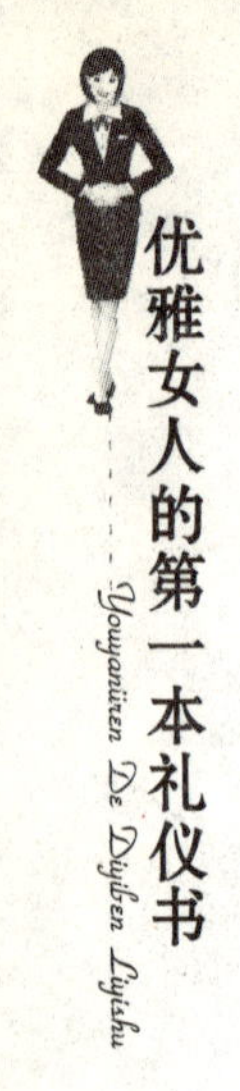

人的兴趣爱好、生活习惯、性格情趣有所不同，你娱乐的时候不要高声怪叫，妨碍他人看书读报，娱乐还要注意节制，不要玩得太晚，以免影响别人休息和自己明天的工作学习。

除非对方自愿，否则不要打听别人的隐私或其他个人信息。

当自己的朋友或同学来访时，不要高声谈论，以免影响别人的休息和娱乐。当别人不在宿舍，他（或她）的朋友、同学来访时，要请来访者进屋，热情地接待，并尽快去找被访者。如被访者找不到，应让来访者留下姓名、地址、说明事由，事后转告被访者。

同住一个宾馆或宿舍的室友生病或遇到困难的时候，要主动关心，热情照顾。如陪同看病，买饭，或者为病人到商店买些可口开胃、喜欢吃的糕点水果，以及帮助病人处理一些其他事情。要保持宿舍的安静，并给病人以精神安慰，促使他尽快恢复健康。遇到同伴在生活上、经济上发生困难请求帮助时，要尽量帮助。

住集体宿舍的室友在日常生活方面也要相互关心。比如：谁的衣服晾在外面忘记收了，帮助收回来；集体宿舍的床位有上有下，有靠窗口的，有靠门口的，大家要互相谦让，身体好的，把较好的床位让给身体差的。

在集体宿舍，不要随便使用别人的洗盥用具，如有特殊情况，事先应和别人打招呼，征得别人同意后方可使用。拿了别人的书籍、用品，一定要告诉别人，免得别人找。

要爱护公用物品，比如桌凳、水桶、拖把等，不要随意损坏，如不小心弄坏了。要按价赔偿。公物有限，使用时要互相谦让，不要独占。

在日常生活中，难免会发生一些矛盾和不愉快的事情，大家要克制自己，宽以待人，互相谅解。即使是原则问题，也应心平气和地说明道理。当别人发生争吵时，不要袖手旁观，更不能火上加油，应耐心劝解，帮助解决矛盾，搞好团结，保证大家在外都能过的平安开心。

购物礼仪

在日常生活中，人们离不开商店和超市。出入商场营业员与顾客之间，应该相互尊重，文明相处。营业员固然要文明经商，礼貌服务，而顾客同样应尊重营业员的劳动，讲究文明购物。

人多时要自觉排除，在轮到自己购买商品时，对营业员要态度谦和，不要“喂、喂”地乱叫，更不能用命令式的口气说话。有时，商店里声音嘈杂，营业员可能听不见你的招呼，这时千万不要用手敲击柜台或橱窗，而应耐心等待或继续招呼。

选择商品，最好在事先稍作考虑。选购时，不要过分挑剔，以免对营业员打扰过多，影响其他顾客购物。在挑选易损和易污的商品时，必须小心谨慎。万一不慎损坏了商品，应主动赔偿损失，或者把损坏了的商品买下来，不要强词夺理，拒不认账。

有时，营业员难免会发生一些差错，例如拿错商品，找错零钱等。作为顾客，应给予谅解，耐心指出，善意提醒，帮助营业员及时纠正。如果营业员不虚心接受，也不要当面争吵，可以找柜台负责人或商店领导人说明情况，妥善加以解决。

在去顾客较多的商店购物，特别是在节假日购买紧缺商品时，应自觉排队，不要插队，也尽可能不为遇上的熟人捎带代买。如果自己确有急事需要先买，应向营业员和排在前面的人说明理由，必须在征得他们的同意后，方可提前购买。如遇到老弱病残者或有急事的顾客，则应发扬互助精神，主动让他们先购买。

当购物完毕，离开柜台时，应向营业员道谢，感谢他们的热情服务。尤其是当营业员帮助自己解决了某些特殊困难时，更应诚恳感谢。

逛商店、购物品对于人们来说，不仅是一种生活上的需要，也是一种有兴味的消遣。东看看，西看看；买这个，买那个，其乐无穷。但是，逛

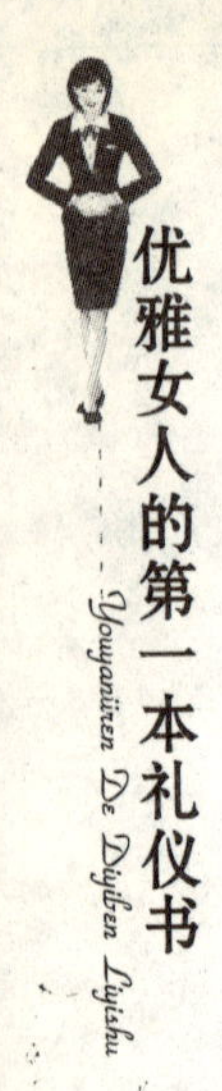

商店、购物品，也得懂规矩，讲礼仪。

选购商品时，到大型商场去是最方便的，因为那里品种齐全，几乎无所不有，任由顾客选购。一般的情况，售货员不多。当你选好了要买的东西之后，可以把挑好的商品直接拿到收款台付款。大型商场的商品都是明码标价，不能讲价钱，不能因此为难服务员。

作为顾客也应对售货员以礼相待。对男女售货员可以称呼“先生”、“小姐”或“夫人”。同他们讲话不要粗声粗气、指责训斥，遇到问题可以好好商量解决，如果售货员不讲道理或者态度恶劣，也不要同他争吵，可以找商店的管理人员甚至经理交涉。

大多数的商店允许顾客退换商品。当你买了一件商品，回家后感到不称心，可以拿回商店更换或退款，但那必须是未经使用、保持完好的。你若拿着一双穿过的鞋子到购买的商店要求换一双大一号的，那当然不能如愿以偿。

到超市购买货物还要注意，不能随意挑了一大筐或一大车又不要了，而且随意扔在哪里，这是极不道德和极不文明的。

四 商务礼仪

商务接待礼仪

在经济一体化和世界经济全球化的过程中，商业正扮演着日益重要的角色，商业往来成为人们交往的重要部分，甚至是核心部分。

随着企业业务往来的增加，对外交往面的扩大，企业的接待工作越来越重要。

接待的客人有生产厂家、供货单位，也有本企业的顾客以及相关领域的企业。按接待的对象细分，可以分成业务往来接待、顾客投诉接待、视察指导接待、参观学习接待。

接待程序要细致

1. 准备阶段

接到来客通知后，必须了解客人的单位、姓名、性别、职业、级别、人数等。其次，要了解客人的目的和要求以及到达日期、所乘车次和到达时间。

接待重要客人和高级团体，要制定接待方案。其内容包括：客人的基本情况，接待工作的组织分工，陪同人员和迎送人员名单，食宿地点及房间安排，伙食标准及用餐形式，交通工具，费用支出意见，活动方式及日程安排，汇报内容的准备及参加人员等。接待方案要报送企业领导批准。

2. 正式接待

客人到达后，应安排专人迎接。对于一般客人，可以由业务部门或经理秘书人员到车站迎接，对于重要客人，有关领导要亲自去接站。

客人到达后，应把客人引进客房，替其安排好食宿。同时，与客人协商好活动日程。

根据日程安排，精心组织好各项活动，如合同洽谈、参观游览。客人活动结束后，要安排时间让单位领导和客人见面。

根据客人要求，为其安排返程，最后送客人到车站告别。

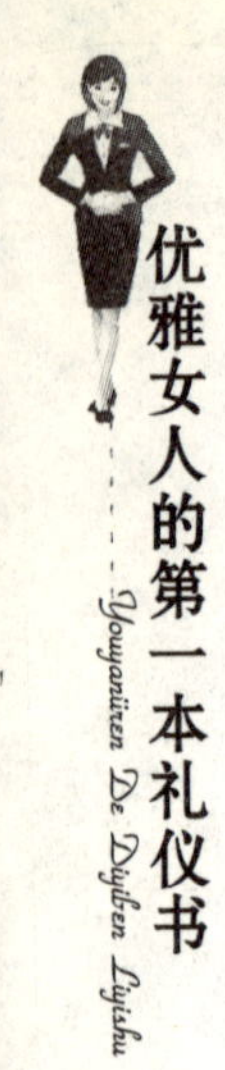

接待礼数要周到

1. 行进中的礼节

接待人在陪同客人走路时，一般应在客人的左侧，以示尊重，如果主人陪客人时，要并排与客人同行。如随行人员，应走在客人和主陪人员的后边。负责引导时，应走在客人左前方数步远的位置，遇到上下楼或转弯处应用手示意方向并加以指示。乘电梯时，如有专人服务，应请客人先进，如无专人服务，接待人员应先进去，到达时请客人先走，进房间时，如门朝外开，应请客人先进，如门往里开，接待人员应先进去，扶住门，然后再请客人进入。

2. 乘车时的礼节

乘车时，接待人员要先打开车门，请客人上车，要以手示意车门上框，提醒客人避免磕碰，待客人坐稳后，再关门开车。车停后接待人员要先下车打开车门，再请客人下车。

商务推销礼仪

业务员在推销公司产品的过程中，很少是第一次就让客户买下你的产品的。相反，他会遭到无数拒绝。面对拒绝，推销礼仪就更显得必不可少。

穿着要整洁

日本著名的推销大王齐藤笔之助先生对推销艺术很有研究。他认为，男推销员应备四季西装各两套，领带、衬衫、袜子、手帕各十件，皮鞋两双。衣服要常熨，皮鞋要常擦，袜子要常洗，手帕要干净，每天修剪指甲，刮胡子，常梳理头发，并注意发型。

在服饰中，除了服装，饰物也很重要。但不必戴得太多，一块外形美观的优质手表足够了。若业务员是女性，那么香水、发型和面部化妆均应精心选择，力求与环境相配。

上门要预约

业务员可以用电话事先约好时间，而不要贸然上门。

打电话预约时，先在电话簿上选出商品最适于销售的范围，然后依次打电话询问。

在短短的电话交谈中，要使顾客明白完成这次购物可以给他带来的好处。但不要在电话中过多地传递信息，应保留一些关键问题。

约定时间要在双方都方便的基础上，业务员应本着为客户服务，替客户着想的精神，尽量由顾客决定约见时间，对于业务员来说，一旦约定时间，必须及时赴约，切忌失约迟到，让客户白等。

约见地点的基本原则同样是方便顾客。最佳的约见地点，通常是顾客的居住地或工作地。

称呼要得体

见到顾客打招呼时，应尽量使用尊称、敬称。因为，从事销售工作的首要条件，就是与对方搭起沟通的桥梁，否则工作较难顺利进行。

业务员与客户初次见面，可以称呼客户为“经理”“主任”或“老板”“先生”“女士”，为了培养与客户亲切的交谈气氛，用郑先生、陈女士这种直呼其姓的方式较好。

举止要礼貌

上门推销时，切勿忘记面带微笑，名片也要亲自交予对方，不可置于桌上。接过对方名片时，先看清姓名，再收入名片夹中。

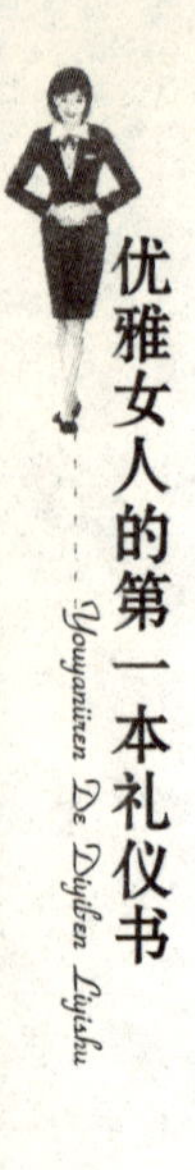

若被客户请入客厅时，首先要能区别出上座与下座。下座一般位于距入口较远处且座位的正面朝向门口。因此，进入客厅后，就在入口附近等着，如果客户请你坐于上座，也无须太客套，依其吩咐行动。

在客户的办公室内，自行找椅子坐下也是失礼的行为，一定要等到对方让座。

洽谈要讲时间效率

面谈的时间并非越长越好，谈的时间长并不等于取得的效果好。

同客户一次商谈的时间究竟应如何把握？日本曾就这一问题对500位推销顶尖高手做问卷调查后显示，平均时间大约为30分钟，应以“销售金额和商谈时间成正比”为原则，数额较大的推销，所用的时间就适当长一些。

交谈要找准距离

在推销过程中，推销员和客户之间的距离应保持多远呢？这需要根据双方的姿势而定。

（1）如果双方都是采取站立的姿态，则双方的距离应保持在两条胳膊左右，距离太近则给人以“对立”的感觉。

（2）如果是一方站立，一方坐着，则距离应该稍微接近一些，大概保持一条半胳膊左右。

（3）如果双方都是坐着进行交谈，为了可以进行“促膝交谈”，距离进一步接近到一条胳膊左右比较合适。

（4）如果是在桌子旁边把说明书展示给对方看，为了要拉近彼此的距离，增加亲密感，尽量位于客户的身旁，从旁边来做商品说明。

签单要抓住时机

成交是整个推销工作的根本目标。

成交需要业务员有意识地促成，这就要看业务员有没有捕捉到成交信号，即客户在推销过程中表现出来的成交意向。

在推销过程中，有三种达成交易的理想时机，即：当陈述了主要利益之后，当介绍完成之后和成功地排除了顾客的异议之后。

陈述了主要利益之后，顾客将产品同他的切身利益联系起来，对产品的好感大大增强，抓住顾客的热情，就应立即试图成交。

介绍完成之后，顾客的购买欲望将燃烧得很旺，因此，此时试图成交也是自然而然的事。

在业务员成功地排除了顾客的异议之后，客户就会产生强有力的心理优势来达成交易。

因此，成功的业务员大都是善于抓住时机的人，他们很清楚，把握时机、趁热打铁，将会使成交的订单源源而来。

商务谈判礼仪

商务谈判是公司与客户之间或者公司与公司之间就业务关系，如产品销售展开的谈判，其目的是要达成交易。据研究，商务谈判是公司高层或业务主管最主要的活动和任务。

谈判人员

要想在商务谈判中取胜，首先要有一个强有力的、高效率的、富有经验的谈判班子。

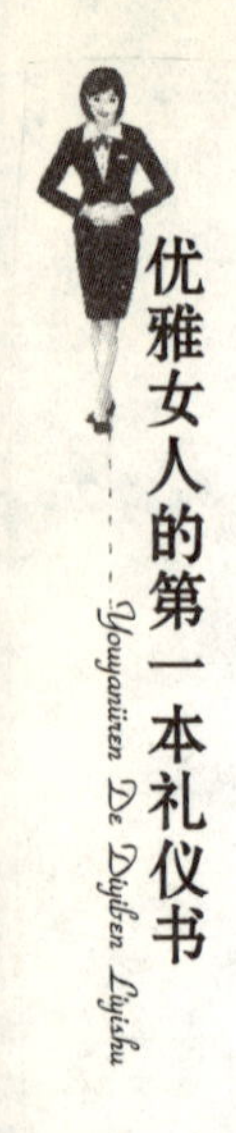

那么，谈判人员以多少人为宜呢？国外许多专家经过论证后认为，谈判班子以不超过四人为最理想。

首先，谈判人员不宜过多。如果人数过多，就会产生沟通和协调难题，使谈判工作不能卓有成效。另外，一次谈判，所需专门知识不会超过三四种，因此，过多的人参与进来，不一定有效。

但是，谈判人员又不能只是一人，谈判中需要多种专业知识，所以应当有既懂政策、熟悉业务的领导干部，又有懂技术、懂法律、懂财务的专业人员参加。

同时，谈判双方代表的身份要对等，主谈人如此，其他谈判人员也应大致相当。如有不同，应向对方加以说明。

谈判议程

谈判议程即谈判程序，包括所谈事项的次序和主要方法。

由谁制定谈判议程呢？一般以东道主为先，经协商后确定，或双方共同商议。也可以单方面提出，征得对方同意后确立。因此，在谈判准备阶段，己方要根据情况，争取主动，率先提出谈判议程，争取对方的同意。

一般说来，典型的谈判议程包括：

第一，谈判应在何时举行？为期多久？倘若是一系列的谈判，则分几次举行？每次所花的时间大致多久？休会时间多久？

第二，谈判在何地举行？举行几轮谈判？

第三，哪些事项应列入讨论？哪些事项不应列入讨论？列入讨论的事项应如何编排先后顺序？每一事项应占多少讨论时间等。

谈判时间

谈判时间适当与否，对谈判是否成功影响很大。一般说来，谈判者应以能使自己获得最佳谈判效果作为选择谈判时间的基础。

首先，谈判者要注意自己的生理时钟，避免在身心不佳时进行谈判。

例如夏天的午间，是人们需要休息的时间，有午睡习惯的人要在午睡以后进行谈判，因此不要把时间安排在饭后立即进行；厂休日总有休息的人，不宜选定厂休日一大早从事谈判，因为此时人在心理上可能还没有进入工作状态。如去异地谈判，或去国外谈判，则应避免经过长途跋涉后立即开始谈判，要安排充分的休整之后再进行谈判。同时，不要在连续紧张工作后进行谈判，也不要在疲倦、烦躁、情绪不佳时进行谈判。

其次，如果你是卖方谈判者，应主动避开买方市场；如果是买方谈判者，则要尽量避开卖方市场。这两种情况下，都难以进行对等谈判。因此，要考虑时机，在你急需商品或急于出售商品时，不要进行谈判。

谈判地点

谈判地点的布置以高雅、宁静、和谐为宜，最好选择一个幽静、没有外人干扰的地方。房间的大小也要适中，桌椅的摆设要紧凑但不显拥挤，室内温度适宜，灯光明亮，谈判桌上适当摆放一些文具、标志物和少许花草盆景等。

具体而言，应考虑以下因素：

（1）光线。可利用自然光源，应备有窗纱，以防强光刺目；使用人造光源时，要合理配置灯具，使光线尽量柔和一点。

（2）声响。室内应保持宁静，使谈判能顺利进行。房间不应临街，不在施工场地附近，门窗应能隔音，周围没有电话铃声、脚步声、说话声等噪音干扰。

（3）温度。室内最好能使用空调机和加湿器，以使空气的温度和湿度保持在适宜的水平上。温度在20℃，相对湿度在40% ~60%之间是最合适的。

（4）色彩。室内的家具、门窗、墙壁的色彩要力求和谐一致，陈设安排应实用美观，留有较大的空间，以利于人的活动。

（5）装饰。谈判室应力显洁净、典雅、庄重、大方。宽大整洁的桌子，简单舒适的座椅，墙上可挂几幅风格协调的字画，室内也可装饰有适当的工艺品、花卉、标志物，但不宜过多过杂，以求简洁实用为主。

谈判座次

谈判中的座次是敏感的界域问题，其有两层涵义：一是谈判双方和座次位置，二是谈判一方内部的座次位置。

适当的座次安排，能够充分发挥谈判人员的最佳信息传播功能，实现双方语言和非语言沟通的最佳效果。一般说来，双方谈判人员应面对面坐，谈判小组中的首席代表坐在台桌中间，其他人按职位大小依次排列在主谈桌边。

谈判桌的形状和大小是必须考虑的问题。大家还记得，越南和平谈判前人们足足花了三个月的时间协商谈判桌的形状和大小，最终才使双方代表坐到谈判桌前。

在不同的座位对应关系下，谈判者的心理感受是不一样的。谈判座位的具体安排可参照下列形式：

（1）社交式安排。由于只有桌的一角作为部分屏障，因此这种座位安排没有私人交往空间的分隔感。社交式安排给谈判者带来的心理感受是和善轻松的，是一种比较容易产生亲切气氛与达成协议可能的座次。

（2）合作式安排。即在谈判中，谈判者并排而坐。这种方式使谈判者之间无任何妨碍信息传递的间隔存在，所以，谈判可在亲切、随意中进行。

（3）竞争式安排。这种安排会给谈判者造成一种竞争的气氛，它可能暗示着某种对抗的情绪。

（4）独立式安排。通常意味着 A 与 B 二者彼此之间不想与对方打交道，经常见于图书馆、公园或饭店、食堂里。它预示着尽量疏远甚至敌意。如果是朋友之间谈话，应尽量避免采取这种形式。

商务营销礼仪

主办营销活动必须有明确的目标，选准单位和项目，划定规模范围，调动相关的传播宣传形式，拨足资金，去实现可能产生的社会效益，最终获取一定的经济效益。它需要开拓精神和具备超前的战略思想。

主办活动的种类

（1）文化。支持高雅艺术的演出、维持高雅艺术团体的生存与发展；协办电视、广播节目；举办摄影、书法比赛等。

（2）教育。设置奖学金、助学金、教育基金；改善学校办学条件，提供教学楼馆和设备。

（3）体育。以“××杯”的形式主办体育比赛，为体育比赛提供器材、服装、饮料等赞助。体育活动一般能吸引广大观众，影响大，企业常用此形式主办活动。

（4）出版物。出版年鉴、专业书、大型丛书、公开发行的刊物等。

（5）专业研究。如艾滋病的研究，探险活动等。

（6）社会慈善事业。如捐助孤儿、老人、残疾人福利事业；捐助灾区人民；捐助贫困地区办学、贫困儿童上学。

（7）节庆会议。如端午节的龙舟赛、大型学术研讨会、风筝会、荔枝节等。

主办活动的礼仪

（1）公众沟通。社会组织主办活动，必须争取各方面的了解和支持，加强与公众的沟通。要向政府、社区、传播媒介、协作者、消费者沟通，

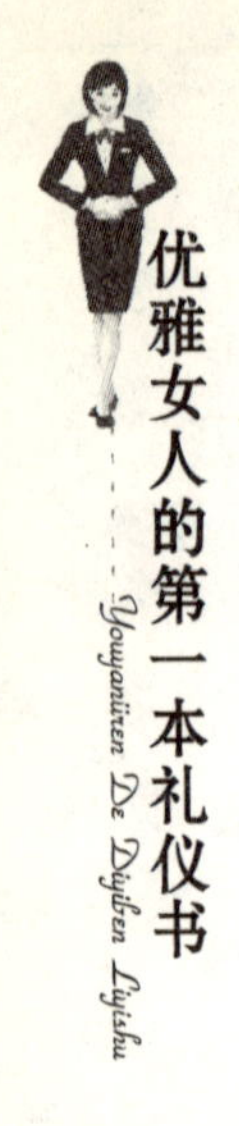

以扩大影响，获得关心支持，争取有关人员的介入。在沟通过程中，可采用会议、拜访电话、面谈等形式，遵循公关交往中的礼仪行为，以获得内外公众的好感与合作。

（2）舆论宣传。主办活动要通过各种传播媒介和方式，将有关信息和活动安排诉诸于公众，如在电台、电视台、报纸上刊播广告或启事；制作招贴画；制作横幅、广告品；印制宣传品等。这些舆论宣传，要遵守行文礼仪格式，用词礼貌，对公众热情洋溢，使之有亲切感。

（3）活动安排。公关礼仪往往体现在主办活动的具体安排中，如迎送、接待；环境的美化、布置的礼宾要求；活动程序的礼仪化、礼仪气氛的烘托；小礼品、广告品的分送等。主办活动的形式、内容、目的不同，礼仪可以根据不同情况而设。

（4）出头露面。主办活动难免在活动进行的正式场合要出头露面，如讲话、颁奖、捐赠、被采访拍照、摄像等，这时候就要注意仪表、言谈、举止。即使是以个人的名义，也有个人的公众形象问题，必须注意礼仪。1993 年第 12 期《大众电影》有一则报道："中外驰名的大明星兼大老板刘晓庆为她投资的电影《阳光灿烂的日子》举行了隆重的开机仪式。仪式是在一家大饭店举行的。身着一套明黄色高级时装的刘晓庆坐在主宾席上，神采奕奕，谈笑风生，引得很多闪烁的闪光灯……坐在刘晓庆旁边的也是这个仪式的重要人物，大明星姜文，《阳光灿烂的日子》的导演。为了应付这庄重的社交活动，他穿了身藏青色的高级西装，规规矩矩地端坐着……和姜文一样，大导演陈凯歌在骄傲地举起金棕榈奖时，才一本正经地穿上了一套西装。"不管他们平时多么喜欢自由、潇洒的牛仔裤和 T 恤衫，但到了正式场合，也很注重仪表举止，注意传播媒介展示给公众的形象。一般来讲，在主办活动的正式场合，男士穿西服套装、女士穿西服套裙，喜庆场合上衣胸前口袋里还要插上花饰；言谈举止要稳重、文雅、彬彬有礼，站有站相，走有走相；当捐赠钱物或颁奖时，要用双手拿着，还要将写有捐赠款数额的大红包的一面朝向观众亮相，赠完钱物、发完奖品后要与对方握手致意，这些都是在微笑中完成的。

总之，主办营销活动中注重礼仪，对公关目标的实现有益而无害。

五 职场礼仪

求职面试礼仪

职场中应遵守的礼仪从求职时就开始了，如果拥有这一素质，就很容易在职场中一路高歌。

面试礼仪

面试犹如一道厚实的门，一旦能够进到里面，你就有发展自己、驰骋自己才华的空间了。对此，了解和掌握求职面试礼仪知识非常重要，它关系着我们能否顺利地越过这道门坎，为此要掌握以下细节：

（1）遵从安排。进入面试地点之后，你的一举一动要按照招聘人员的指示来做，既不要过分拘谨，也不能太过谦让，大方得体才最重要。

（2）示出敬意。面试中，不可目光呆板地只盯住一个人看，要不断地用微笑和柔和的目光向所有的面试人员致以敬意。

（3）注重聆听适当回应。招聘人员不希望应聘者像木头桩子一样故作深沉、面无表情。对此，应聘者在听对方说话时，应不时做出点头认同状，表示自己听明白了，或正在注意听。因为积极的聆听者，往往能给人一种谦和而良好的感觉。这也正是礼仪的需要和反映。注意不要抢话，或打断对方的讲话，这些都是很不懂礼貌的表现，会使自己陷于被动。

（4）举手投足得体。面谈中不应吸烟、嚼口香糖。面试前，要刷牙，不吃葱蒜等辛辣食品，必要时可含茶叶、口香液以除口臭和异味。

避免不雅行为。不在他人面前擤鼻涕、抠鼻孔、挖耳朵、搓泥垢、剔牙齿、修指甲、打哈欠、搔痒挠头摸脑或抖动腿脚等。咳嗽、打喷嚏时，应用手帕掩住口鼻；面向一旁，避免发出大声。

（5）礼貌地道别。不论面试的具体情况如何，结束时都应以感谢的心态面对，离别时应主动和考官握手道别，诚恳地说声“谢谢！”

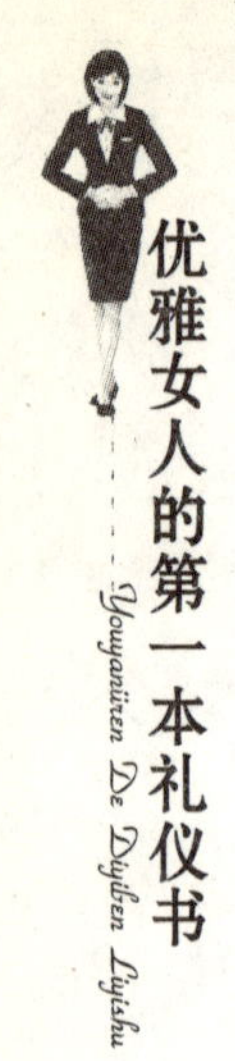

自我介绍的礼节

在做自我介绍时，应掌握以下几个要点：

（1）彬彬有礼。在作介绍前，要先对面试官打个招呼，道声谢，介绍完毕后，也应向面试官道谢，并向在场面试人员表示谢意。

（2）介绍不离主旨。面试中的自我介绍宜简不宜繁，一般要介绍的内容包括：姓名、年龄、籍贯、学历、学业情况、性格、特长、爱好、工作能力、工作经验等。假如招聘单位对应聘人的工作能力和工作经验很重视，那么，最好从自己的工作能力及经验出发做详细的叙述，而且整个介绍都是以这个重点来进行。

（3）介绍要自然朴实。在自我介绍中，要尽量避免对自己作过多的夸张，一般不宜用“很”“第一”“最”等表示极端的词来赞美自己。在面试场上，有些人为了让面试官对自己留下深刻的印象，往往喜欢对自己进行过多的夸张，如“我是很优秀的”“我是最棒的一个”，总是喜欢带着优越的语气说话，不断地表现自己。其实，如果对自己作过多的夸耀，意味着贬低他人，且有不实的嫌疑，这是有违一般礼仪的。如此，反而会引起面试官的反感。

因此谈论自己的话题，应尽可能避免一些夸大的形容词，把话讲得客观真实，尽量用实际的事例去证明你所说的，最好用真实的事例来显露你的才华给面试官。

交谈的礼节

交谈是面试中的重要内容，这其中更不能有失礼行为，要掌握这这样几点原则：

（1）诚恳热情。把自己的自信和热情“写”在脸上，同时表现出对去对方单位工作的诚意和渴望。如果求职者在应答交谈中自然地模拟单位职员的口气，这可视为是对方的一种尊重。

（2）落落大方。要把握自己，应答时要表现得从容、不慌不忙，有问必答。问而不答、毫无反应是很失礼节的。如果你能从容地谈出自己的想法，虽然欠完整，也不致影响大局。

（3）朴实文雅。这是一种美德，也是知识渊博的自然流露。但切忌装腔作势，故意卖弄。应答中只要言词达意，表达流畅即可。

从交谈的礼节来看，当主考官发问时，求职者应动脑筋，搞清对方发问的目的、要求，尽力做到有礼有节，不可随意答复或敷衍搪塞，因为如此态度或行为也是失礼的。

告辞的礼节

告辞是指会面结束时的辞行。其遵循的礼节有如下方面：

（1）适时掌握告辞时间。如何适时告辞既是礼仪规范的要求，也有一定的学问。对此应注意下列方面。

如果你是用人单位约请参加面试的，那么何时告辞应视对方的要求而定，不能在对方未告知的情况下单方面提出。一般情况下，面试的所有提问回答完毕后，面试就算结束。如果对方对你说“今天就谈到这里吧，请等候消息”，这时你方可告辞离开。

如果你是直接上门联系工作，那么何时告辞你就应主动些，因为你是主动拜访者，从礼节上看，对方不好主动打发你走，只能从行为举止上表现出来。如果对方心不在焉、焦躁不安，或不时地看表，这就是下逐客令的信号，你应有自知之明，主动提出告辞才是合适的。

（2）以服从姿态结束告辞。在谈话结束时，想问问用人单位究竟如何决定，那就主动地向对方表示自己愿意到该单位工作，然后坦然地问对方“不知你们认为我适合不适合来贵单位工作，我来了以后一定会很好地工作的。”如果对方答复说：“我们还没最后定下来。”你一定要尽快判断一下他们是否是托词不想录用。根据你的判断或者表示：“我告辞了，我等候你们的研究结果，您看什么时候需要我再来，就通知我，谢谢。”或者表示：“如果你们认为不合适，不录用也没关系。我就不再耽误你们时间了。如果以后你们需要用人时再告诉我，若那时我还没找到工作的话我再来。”总之，谈话时一定要很认真、很有礼貌。

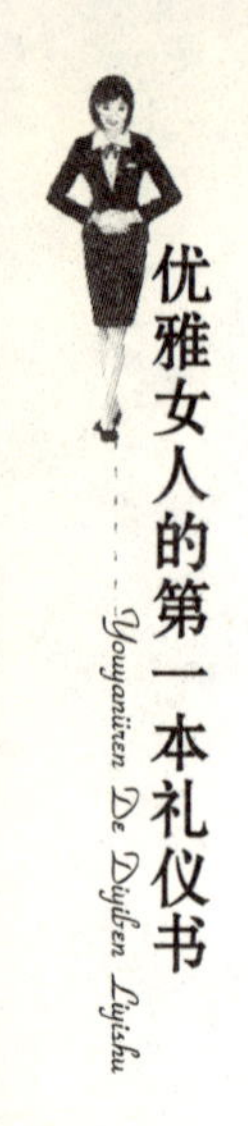

在告辞时都应向对方衷心道谢，这最能体现你的真诚和修养。离别时这些礼貌的举止也许会给对方留下难忘的印象，对你的录用起到潜移默化的作用。

行为规范礼仪

职场是人生的重要舞台，每个人在这个舞台上都应表现出良好的举止和责任心。这既是对职业人的要求，也是职场的需要。

职场人员基本礼仪

一个企业所具有的礼仪水平，是从每个职工的言行举止中体现出来的。随着市场的不断扩大，企业的对外交往机会也不断增强，为了向外展示企业自身的美好形象，每个员工都应牢记，自己的言行代表着企业的形象。因此，掌握职场礼仪知识是十分必要的。具体来说，应注意如下礼仪：

（1）仪表端庄，仪容整洁。无论是男职员还是女职员，上班时应着职业装。有些企业要求统一着装，以体现严谨、高效率的工作作风，加深客人对企业的视觉印象。有些企业虽没有统一服装，但都对上班时的服装提出明确的要求。

男士上班应穿白衬衣或西服，扎领带。衬衣的下摆一定要扎入裤腰里。应穿深色的皮鞋。服装必须干净、平整，不应穿花衬衣、拖鞋、运动服上班。不留胡须、不留长发，头发梳理要美观大方，才能衬托出本人良好的精神状态和对工作的责任感。

女士上班应着西服套裙或连衣裙，颜色不要太鲜艳、太花哨。上班不宜穿太暴露、过透、太紧身的服装或超短裙，也不能穿奇装异服、休闲装、运动装、牛仔装等。应穿皮鞋上班，皮鞋的颜色要比服装的颜色深。应穿透明的长筒丝袜，袜口不能露在裙口下，不能有钩破的洞。不应穿凉鞋、旅游鞋上班。佩戴首饰要适当，符合规范。发型以保守为佳，不能太过新潮。最好化淡妆上班，以体现女性端庄、文雅、自尊自重的形象。

（2）言语友善，举止优雅。办公室工作人员的站坐行走，举手投足，目光表情，都能折射出一个人良好的文化素养、业务素质和工作责任心，同时也体现了企业的管理水平。

真诚微笑应是职场上的常态。微笑是一种无声的语言，它是对自己价值的肯定，对他人的宽宏和友善。微笑是自信、是真诚、是自尊、是魅力的体现。上班时与同事、领导微笑问好，下班微笑道别。接人待物、邀请、致谢都应有真诚的微笑。职场中应杜绝怒气和秽语。

在办公室讲话时话语要谦和，声音要轻，不能在办公室、过道上大声呼唤同事和上级。无论是对同事、上级还是来访者，都应使用文明用语。在办公室里，说话不要刻薄，与同事开玩笑要适度，不能挖苦别人、恶语伤人，更不能在背后议论领导和同事。

体态优雅的公司职员行为举止应稳重、自然、大方、有风度。走路时身体挺直，步速适中、稳重、抬头挺胸，给人以正直、积极、自信的好印象。不要风风火火、慌慌张张，让人感到你很不成熟。坐姿要优美，体现出朝气和强干。有人来访时，应点头或鞠躬致意，不能不理不睬。工作时间不能吃东西、剪指甲、唱歌、化妆，与同事追追打打有失体面。谈话时手势要适度，不要手舞足蹈，过于做作。

（3）恪守职责，高效稳妥。身在职场，职员应树立敬业爱岗的精神，努力使自己干一行，爱一行，钻一行，以饱满的工作热情，高度的工作责任心，开创性地干好自己的工作。工作中一丝不苟、精益求精、讲究效率，减少或杜绝差错，按时、按质、按量完成每一项工作。领导交给任务时，应愉快接受，做好记录，确保准确。然后认真办理，及时汇报，恪尽职守，严守机密。

所有这一切都是对职场礼仪终极目的的诠释，是对职场规则的尊重，也是对自身的尊重。

职场日常礼仪

日常礼仪，也就指职业人在职场日常工作中应遵循的礼数，比如：

（1）低调行事，谦虚做人。尊重老同事，团结新同事，主动为公务缠身的老板分忧解愁，不耻下问，这看起来没什么，但在无形中就能树立起

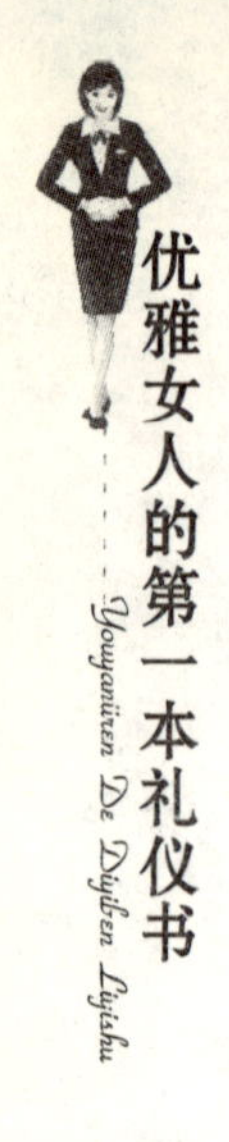

自己的威信，磨练出自己的工作经验，才能在职场上游刃有余。

（2）尊重工作。在职场上，即使你对本职工作没有能力完成，也要本着全心全意的态度努力去做。工作并不都是新鲜有趣的，一些枯燥单调的工作总会摆在你的面前；对无聊的事务不可不在乎，要加快速度完成。做事要主动，不要在别人的驱使中工作。

一个称职的新职员，应该在工作中坚持不懈，分外的责任理应自觉承担，一步一个脚印地、诚恳踏实地工作，这样，才符合工作的要求和规范。

（3）自重尊人。不听信小道消息，要学会独立思维，远离那些喜欢谈论是非、饶舌多嘴的人，与所有的人都和睦相处。

（4）提高自身的修养。在职场中讲文明、讲礼貌、讲卫生、讲道德、讲团结，讲原则，讲贡献。

职场中领导者应有的礼仪

（1）展现个人修养。一个优秀领导者不居功自傲，尊重集体智慧。勇于为团体承担责任，当事情出了差错时，不要在高层领导面前推委责任。对下属员工要平易近人。

要信守承诺，说到就一定要做到。

礼贤下士，有来宾走进办公室时，不论长辈或同辈，都应起立相迎以示尊重。为人谦卑，一视同仁，处处起表率模范作用。

（2）做好领航人。做为领导者必须在职场中做到：

①时刻保持良好而亲切的态度，敞开大门面对自己所有的部属，欢迎他们，并显示出对他们的尊重。

②将荣誉归于大家，并让他们知道自己对组织是有所贡献的。

③在工作、生活、学习、健康上关心每一个员工。

④让每一个员工都了解自己的企业、自己的上司、自己的未来。

⑤不听信谣言或风言风语的传播。

⑥尊重员工的建议和权利。

（3）用行动体贴下属。如果你是一位领导者，那么就别让体贴下属成为一句空话，而是用行动确保每一位下属都拥有良好的工作环境和办公设备。

可以帮助训练年轻的同事，不仅教他们做事，还要教他们做人。可以提提建议，耐心回答他们提出的问题，在他们学习工作的过程中充当一位友善的辅导员。部属有突出表现时，应及时向他道贺并且公开加以表扬。

给要求进取的员工提供必要的学习和进修的机会。

职场中职员应有的礼仪

在职场中做为职员，要使自己的行为符合职场要求的规范，理应符合如下条件：

（1）准时上下班。上班时间，就是开始工作的时间。上班是否准时，能反映出你是否敬业。因此，上班的时间不是指进入公司的时间而应是到达岗位的时间。

到了下班时间，如果已经做完了工作，就可以向周围的同事说声，“我先走了”，再自行离去。看到上级正在忙工作时，最好问一声：“需要帮忙吗?”确定不需要时，你可离去。

下班之前，应将办公桌上的文具和文件等放整齐，将椅子放回原位。

（2）穿戴端庄得体。工作时间，就算不穿正装，也要穿戴得整齐些。

①如男性穿着邋遢会给人一种粗心大意、不规矩的印象。

②如女性穿着邋遢会给人一种不端庄、自甘堕落的印象。

③一个男士若是穿着太潇洒或说过分的话，则会被认为是个有野心且略显轻浮的人。

④一个女人如果穿着太漂亮，会让人觉得她在事业或性方面“野心勃勃”。

女职员不能在写字楼内化妆，尤其是有异性同事时。不能在办公桌上摆满化妆品。如果办公室设有大衣帽间，就可兼做化妆间。没有条件的，可用洗手间代替。

（3）敢于承担责任。勇于承担风险，不推托过错给同事，这是一种良好的品质，它无疑会透露出个人的良好形象。如果有小事被弄错了，上司追问起来，尽管大家都有点责任，可你就直截了当地给上司解释明白，自己先向他道句歉，承认就算了，当然你可能挨一顿骂。可是却会在办公室中赢得美名。

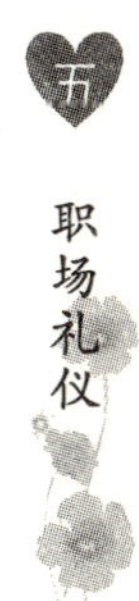

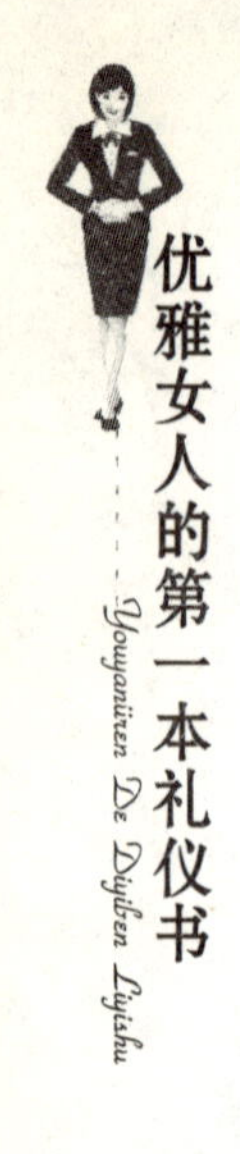

（4）不让私事占用上班时间。不带私事到办公室去。每个人都要谨记，工作时间办私事是侵害公司利益的行为。

有许多公司严格地执行一些规矩，例如，办公时不能接听私人电话，不能随便跑出去买香烟，规定用午餐的时间，上班下班要准时等都是要必须遵守的。

（5）不要越规行事。按照常规，如果遇到麻烦事，要找你的顶头上司，如你越规上访是对顶头上司的大不敬。须知一个大公司，它的组织和军队相似，发号施令有关联性，即使对你的顶头上司有意见，而你又偶然犯过失时，你也先要获得他的同意才可向更高一级申诉。

（6）用语文明。在办公室中禁止使用不严肃的话语。刚参加工作的职员，由于处在下级的地位，无论对谁都要注意用尊敬的语气说话。

"早安"和"午安"是办公室中最变通的礼貌用语，对同事也不能因为熟悉而将其省去。对于不相识却常见的人或一同坐电梯的人，适当时也要以"早安"或"午安"向对方问好。

在办公室中，不要随便挪用别人的东西，即使是公司统一配发的用品，也属个人私用。未经主人许可，事后又不打招呼的做法，是不礼貌，也是不允许的。

职场中下级与上司协作的礼仪

在职场中，做为下级学会与上司和谐相处、默契配合，这既符合礼仪的需要也能得到上司的信任、支持、关心和帮助。对此，应让自己具有如下意识：

（1）与领导保持一致。正确领会和贯彻上司的意图，是一个合格部属的基本要求。假如说话、办事违背上司意图，就有可能"费力不讨好"，把事情弄糟。

上司的意图很多就蕴含在文件、批示或口头指示之中，要靠部属去理解、体会。当然有时还需要进一步向上司当面询问、请教。

一般来说，上司喜欢交代一两遍就能明白自己意图的下属。因此作为下属，千万要用心理解、勤于总结；争取一次听清，切忌不懂装懂，或者凭空想象，违背领导意图。

（2）保时、保质、保量完成上司指派的工作。作为下级员工应该清楚，保证在领导指定的时间内，保质、保量地完成交办的任务，是对领导最大的尊重和服从，如果这一点做不到，其他的工作都是不具实质意义的。

（3）及时汇报工作。适时地与领导沟通，让领导及时掌握和了解自己的工作情况是对领导的尊重，也是对领导工作的支持，更是下级应时时注意的。

（4）为上司分忧。能够在工作方面协助上司把事情办好，这是所有的上司都喜欢的部属。

部属对上司的失误，应及时提醒、善意参谋，不能在一旁袖手旁观。

假如下属的聪明才智得到赏识，切莫在上司面前故意显示自己，否则就有做作之嫌。用技术性较强的专业术语与上司交谈，上司可能把你看成书呆子，缺乏实际经验。

（5）保守秘密。在上司身边工作，部属的工作范围有时会涉及很多方面。在面对若干个上司的情况下，必须协调和处理好上下左右的关系，其中一条重要的原则，就是“只听不传”。也就是说，有碍于领导之间团结的话，只能听，不能言传。

严守秘密，不该说的绝对不说，部属要从维护上司形象出发，淡化与工作无关的信息，这是部属对上司负责的表现。

（6）理智地对待批评。如果上司错怪了你，不要在开会时就和他针锋相对。这样会损伤领导尊严，正确的做法是，事后找个方便的时机，向他解释真实的情况，对此，领导也一定会以礼相待，按情理给予妥善处理。

当上司大发雷霆时，不要试图马上解释或与之针锋相对。即使你会暂时委屈地离开办公室，但很快就会有机会让你解释的。

职场中上司与职员相处的礼仪

作为领导者，要想让自己的在广大员工中享有威信，提高领导力，表现出更加典型的模范形象尤为重要。因此，必须注意做到以下要求：

（1）拉近距离，平等相处。领导与员工相处，首先要放下领导架子，

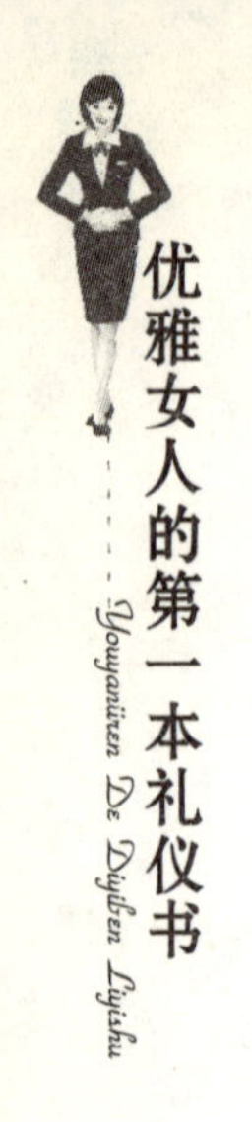

摆平关系；其次要主动接近员工，注意听取员工的意见，并真心为员工解决实际问题；最后领导要善于肯定员工在发展企业中所起的重要作用，让员工感到自己的价值。

（2）责任所系，带头垂范。领导者虽然置身于下属之间，但作为决策人的身份决定了领导者必须在各个方面都做的尽善尽美，比如：不独享荣耀，敢于负责、履行诺言、诚信待人、尊重下属、对工作倾注更高的热情等。

职场中同事间相处的礼仪

营造融洽的职场氛围是提高工作效率的重要因素之一，这种氛围的形成是与同事间真诚相待、依礼而行、相互尊重分不开的。具体地说，要通晓以下礼仪。

（1）尊重和关心同事。尊重同事的生活习惯，尊重同事的处世方式。应“己所不欲，勿施于人”，不可把自己的观点勉强让他人接受。

（2）讲求协作精神。同事间要同心协力、相互协作、互相支持。自己的工作一定要克己奉公，不能推卸责任。需要帮助要与同事商量，不可强求；对方请求帮助时，则应尽己所能真诚相助。对年长的同事要多学多问、多尊重，对比自己年轻的同事则要多帮助、多鼓励。有荣誉多让，有责任多担。

（3）宽宏低调。同事之间经常相处，一时的失误在所难免。如果出现失误，应主动向对方道歉，征得对方的谅解；倘若同事对你产生误会，应该向对方说明，不能小肚鸡肠，耿耿于怀。

（4）平等相处。同事之间虽熟；但不同于朋友，经常会有自己喜欢的和不喜欢的同事共处一室，在交往态度上，特别是上班时间内，一定要保持一视同仁，平等对待。

善待他人，就是善待自己。善待同事，必将得到同事的善待。这是职场中一项很划算的投资。善待同事仅仅需要你的一点耐心、诚心和细心，这是世人皆能办到的事情。

六 家庭礼仪

夫妻礼仪

夫妻关系是家庭交往的核心，只有夫妻之间和睦相处，家庭才会有幸福。虽然不一定非要举案齐眉，但最基本的礼仪规范却是必不可少的。

以礼相待

（1）友好道别。当丈夫外出时，妻子懂得和他亲切道别，说声“再会”或说声“路上小心”“早点回来”。说者虽未在意，听者却倍感亲切。话语虽少，但对方得到的却是你的爱。所以，在你的伴侣外出时，不要忘记说声亲切友好的道别话。

（2）亲切的问候。当丈夫下班回了家，妻子端来一杯茶，问一下“累不累?”“喝茶吧?”当妻子有病躺在床上，丈夫问寒问暖，端药喂饭，数九寒天，一句问候“太冷了，快过来暖暖手”，三伏天一声问候“太热了，快过来吹吹风”，被问候的妻子和丈夫都会感到一股暖流穿身而过。一句问候虽不起眼，但包含着关心和体贴。

（3）甜蜜的微笑。夫妻都要面带微笑，在配偶看来，微笑是一种友好的表示，说明你心里高兴，喜欢他（她），对方回报你的，也一定是微笑，是由心底里发出的笑，足以温暖对方的心。夫妻间的感情一定会更深更浓。

（4）相互的体谅。两个人生活在一起，很容易产生矛盾。消除矛盾，实现和睦和融洽，彼此就必须体谅。体谅应该是相互的，决不能“烧火棍一头热”。夫妻双方中，双方都必须摆脱以自我为中心的狭隘观点。相互体谅，才会使家庭幸福。

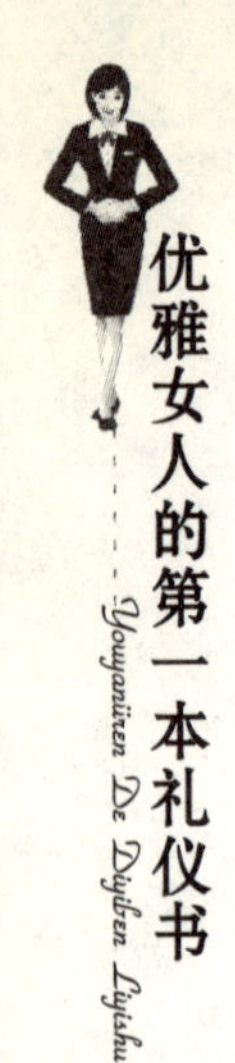

性生活和谐

人是感情动物，夫妻间的结合更是以感情的发展为前提。一旦结婚，感情成为沟通夫妻双方关系的纽带。性生活是一种崇高的精神生活，其幸福和谐与否，完全受夫妻感情的制约。夫妻感情越深厚，性生活越幸福，反之，性生活又是夫妻感情的“润滑剂”，缺此，夫妻就无亲密感。和谐的性生活是夫妻感情融洽的一个秘诀。

避免争吵

夫妻间争吵也是常见的。一旦发生争吵，谁也不肯让谁，似乎谁先闭嘴，谁就是吃亏，实际上，夫妻间没什么“亏”而言，夫妻间发生冲突时，不如就让一步吧！让对方赢得越多，你获得的幸福也就越多。因为爱情和幸福靠你的行动来滋养。要保护、培养和发展爱情，夫妻间必须共同投入健康的养分。因此，夫妻间应该养成商量的习惯，互相尊重，互相礼让。月经期、更年期是妻子的“多事之秋”，家庭的许多矛盾一般发生在这一阶段，作为丈夫，应该了解这些生理和心理特征，要多加体贴、关怀和忍让。否则，妻子生了病，对你的家庭将会更加不利。

长幼礼仪

“老吾老以及人之老，幼吾幼以及人之幼。”长幼之间的礼仪其实就是指父母与儿女之间的礼仪。

互敬互爱

父亲母亲之间在儿子结婚前，父亲批评母亲几句，母亲指责父亲几句，老夫老妻，也能一笑置之，互不介意。当儿子结婚后，父母之间为了维护各自的尊严，保持长辈的身份，必须相互尊敬。如果在媳妇面前吵架，势必有点乱了“礼教”，失去了“体统”。

父子关系也是如此。婚前，父亲打儿子几下，叱责几句，关系不大。儿子结婚后，再打儿子，媳妇会不高兴。因此，父子间的交往，也必须相互尊敬。

媳妇更应该注意身份的变化。婚前是娘家父母的女儿，是个孩子，撒点娇，任点性，睡个懒觉都行。一旦出了“阁”即由“大闺女”变成了新媳妇，由原来的孩子变成了家庭主妇。此时，不仅不能再撒娇、任性，而且还不能懒惰、随便，要学会做家务事。不仅对公婆要尊敬和气，对丈夫也不能稍有不尊。当着公婆的面夸丈夫几句，公婆会高兴得心花怒放，如果当着公婆的面指责丈夫，他们会火从心起，认为这是“指桑骂槐”，这就难免发生冲突。所以，与公婆生活在一起，小两口必须相互尊敬。有了矛盾，最好是“枕边”了之。

结婚后，做儿子的也必须认识自己身份的改变。有的儿子娶了媳妇，往往好在父母面前显示“威风”，对媳妇指手划脚，稍有不称心，就口出秽言，骂爹骂娘。这是蠢才干的事。与父母合住尤应尊重妻子。

说话和气，相互谦让，互相尊重，这是父母与儿、媳和睦相处的关键，也是父母与儿、媳和睦相处的第一个秘诀。

尽责尽孝

两代人共同居住的家庭实体中，父母与儿、媳，都应在各自的家庭内承担一定的义务，这是我国家庭的一个重要特征。即父母为儿子看孩子和儿、媳为父母养老两项义务。

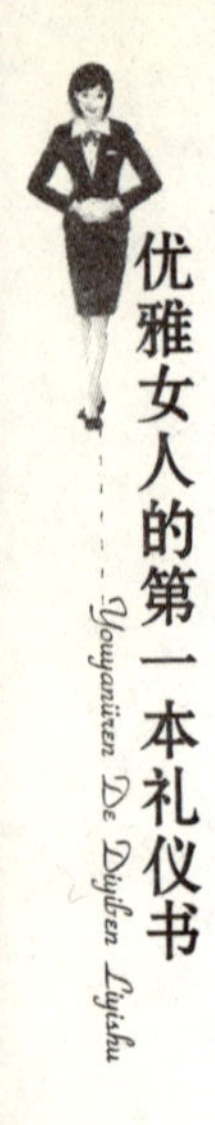

养老问题。这个问题，说来十分复杂，它本身是儿女对父母养育之恩作的一种“反哺”或报答。同时也是沟通联系两代人感情的桥梁和纽带。不用养老，儿、媳即会丧失义务感，久而久之对父母的感情将会逐渐淡薄，再想要他们的钱，会比挖他们的心还难受。

父母辈无论收入多高，必须要求儿女养老。这样儿、媳不仅增强了责任感、义务感，而且会更加感恩戴德，多方回报，两代人的关系倒容易相处。再说儿、媳养育老人，经济上感到拮据，这有利于培养子女艰苦创业的进取精神，迫使他们精打细算，提高处世能力，锻炼了他们的思维、促进了大脑发育。美国人自立精神强，年过十八后，即耻于向父母要钱，完全靠自己的奋斗谋生。

父母为儿、媳看孩子，虽说也是义务，但与养老问题有本质的区别。父母看孩子，是一种传统习惯，不具有法律性质。父母有能力看，而且愿意，这是尽义务；父母没有条件看，而且也不愿意看，这也不能算错。不能看的，有条件的父母给点资助，这是父母与儿、媳的感情。如果父母不给看孩子，也不给资助，也不犯法。儿、媳不养老，便是违法犯罪行为，道德不允，法律不容。

最后再谈养老的“双向性”问题。所谓养老的“双向性”即是指对男女双方的父母都有赡养之责，这是天经地义的事，是我国的传统美德和习惯。作为儿、媳，介于两个长辈家庭之间，对双方的父母都有赡养的责任和义务。偏向于哪一方都是不合情理。因此，养老的“双向性”是必须明确的。

互尽义务，力尽孝心，这是父母与儿、媳和睦相处的道德礼仪。

家政独立

父母有父母的开销、交往和人情，有自己的利益要求。对于父母的事，儿、媳不要多管，对父母的正常人情也最好不要干涉。

儿女干涉父母的另一个领域，是失偶父母的再婚问题。由于封建思想的影响，有的人认为父母再婚有失体统，儿女脸上不好看。

人是社会关系的总和，精神要求不可缺少。儿女们再孝再富，只能满足失偶父母的物质需求，却解决不了他们的精神需求。为父母自身的幸福着想，失偶的父母愿意再婚的，儿女们最好不干涉。

儿、媳没有干涉父母的权力。同样，父母也不能干涉儿、媳的“家政”。有的父母，逢年过节，便把儿子叫到身边，大鱼大肉的款待。儿子对此并不高兴。儿子有自己的家，有自己的事，有自己的亲朋。到了父母家，虽然吃得好，又不操心，但是他的行动自由受到了限制，使他没办法进行一些社会活动。另外，还惹得儿媳妇生一肚子气。

当小俩口吵架时，父母劝解拉架时，往往向着儿子说话，结果架没拉成，反而闹得更僵了。明智的父母，只劝解不介入，或都当着媳妇的面，骂儿子几句完事，若遇到儿媳要求公婆评理时，最好的办法是“和稀泥”，多向着媳妇说话。千万不要以长辈自居，介入矛盾。

莫管儿、媳家内事，这也是处理好父母与儿、媳关系的又一礼仪要求。

婆媳礼仪

婆媳之间往往是家庭矛盾的焦点。要想使家庭和睦，必须做到双方互相谦让，以礼相待，婆媳之间的礼仪虽不多，但却十分重要。

不偏不倚

婆婆爱自己的儿子女儿，对媳妇就不一定了。实际上，聪明知礼的婆婆懂得，自己对媳妇疼爱，可以换来媳妇对自己的儿子更加疼爱。所以婆婆不要过分地在儿媳面前表示对儿子的爱，而应该把爱倾注到媳妇身上。比如，有了好吃的，不要给儿子，不妨全部给媳妇，媳妇因为爱丈夫，会把这些好东西送到丈夫嘴里的。这样，婆婆通过媳妇达到了爱儿子的目

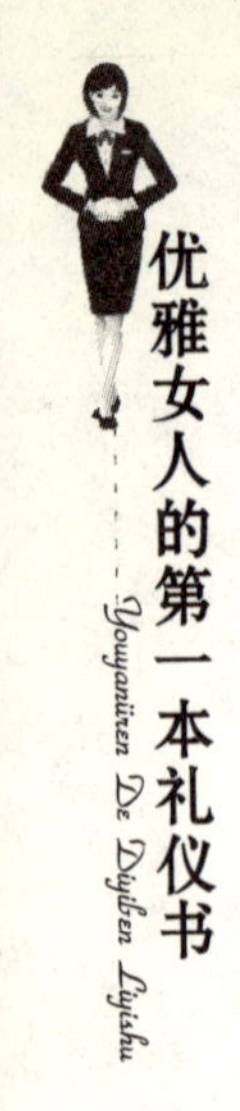

的，媳妇因得到婆婆的爱，个人的自尊得以实现，对婆婆自然会更加尊敬孝顺。有的婆婆就不是这样，她们对儿女给予的多，对儿媳却是索取的多。看到自己的儿子也干家务，比儿媳不少干，婆婆会满肚子不高兴。真正把儿媳看做是自家人的婆婆是不会这样做的。婆婆们应知道，只有真心实意地把儿媳视为亲生女儿，以情换情，儿媳才会把你当作亲生母亲。此外，当婆婆的还要注意改进说话技巧，要学会运用恰到好处的夸奖这一魅力无穷的艺术。当然，婆媳接触频繁，有的朝夕相处，儿媳有欠缺之处，婆婆批评两句未尝不可，但要记住：泄怒排恼的批评可能触伤对方的感情，而情热语妙的批评却能感化对方，跟表扬有异曲同工之妙。总之，只要婆婆们不对儿媳心存芥蒂，待媳之道是不难掌握的。

婆婆也要关心儿媳的各个方面，尤其要关心她的健康，例如：儿媳怀孕期间，要多问寒问暖，不让她干重活；媳妇坐月子，要尽心侍候，多买些营养品；每逢儿媳的生日应改善伙食……这些看似小事，却最能使儿媳感动。

有的婆婆是农村来的，住在儿子家，她的一些生活习惯、卫生习惯肯定与媳妇不同，这时候，该怎么办？是嫌弃，还是忍耐，要看儿媳的修养了。儿媳不要嫌婆婆脏，没有好习惯，而是要以宽容、高姿态处理这些问题，设身处地地站在婆婆的角度想一想，一辈子形成的卫生习惯和生活习气，怎么可能经媳妇一说就变了呢？所以做媳妇的还是不说为好，随她去，这些都不是什么原则性的大事，必要的时候，可以让儿子出面说一说，而且还要策略，否则婆婆该多心了。相反，农村来的婆婆还有对媳妇看不惯的地方呢。正确的做法是，不要干涉媳妇，随她去“入乡随俗”吧，尽量多适应儿媳的做法，本身多注意一些就行了。

媳妇们往往有一种感觉，知识层次越高的婆婆越不好相处。实际上，要想处好并不难，婆婆懂得多、教养深、见得广，她的要求就多。这好办，做媳妇的不耻下问就可以了，这样，婆婆也不会无中生有了。那些知识层次高的婆婆们应该注意，不要指手画脚，居高临下，不要自以为多读了几年书就一定能同儿媳处好，其实未必，如果我们不注意自己的言行，对儿媳冷冰冰的会大大刺伤儿媳的自尊心。高知层的婆婆们应该懂得，你们和儿媳相好的武器不是你们的学问，而是你们对儿媳的爱心。

真心交流

媳妇上班前，要跟婆婆道别，有的媳妇只顾和自己的丈夫、孩子道别，忽视了这个问题，婆婆也不会说什么，只是觉得你心里没有她。下班后，先向婆婆问候，诸如“这一天您辛苦了”等，婆婆听了这话会很舒服。当媳妇的朋友来了，首先要把婆婆介绍给客人，婆婆也觉得受到了尊重。还要提醒当儿媳的，就是一定要喊“妈”，不要没有称呼，动不动只说“您”如何如何，你这样做本身就没有把婆婆当成自己的母亲，因此，即使你再有诚意也让人表示怀疑。媳妇的一声“妈”可暖婆婆的全身。喊声“妈”比你做什么努力都更能讨婆婆的欢心。

婆婆要尊重媳妇的人格和职业，不能在什么场合都议论媳妇的不是。同样，媳妇也不要在邻居和妯娌、同事之间议论自己的婆婆，说婆婆的坏话。因为互相议论长短，只能使矛盾更加尖锐，更加难于化解，相互之间的误会也就会更深。

婆婆的年纪一大，就愿唠叨，这是一种正常的心理变化。作媳妇的，不该觉得讨厌，而应感到高兴。婆婆愿意把话讲给儿媳妇听，完全是出于一种信任。但如果在她唠叨的时候，你和她发脾气，她的情感外泄必然受阻，虽此一时可以不唠叨，而彼一时非要找机会发泄不可。你表现出心不在焉，婆婆会感到对她不尊重，虽然郁积的苦闷得到了发泄，又产生了新的不快，会继续埋怨你、批评你，唠叨的时间会更加长。所以，只有对她热情，表现出认真听的样子才能收到预想的结果。当然做婆婆的也应自我克制，不要大事小事都唠叨个没完，唠叨不是大毛病，但是长此以往，会折磨人的神经，使人无法忍受。好婆婆应该是不唠叨的婆婆。

成亲前，婆媳之间很少了解，成亲后，媳妇又自以为是“外人”，因而，婆媳之间最容易互相猜忌。有些话，本来与己无关，却往往自作多情，往身上揽承。遇到这种情况，就要多想想，如果有的话是出自儿子或丈夫之口，是不是还会猜忌，如果不会，那就是婆媳之间没有通心。

婆媳之间也容易相互挑剔。农村的老太太到城市往往住不惯，主要原

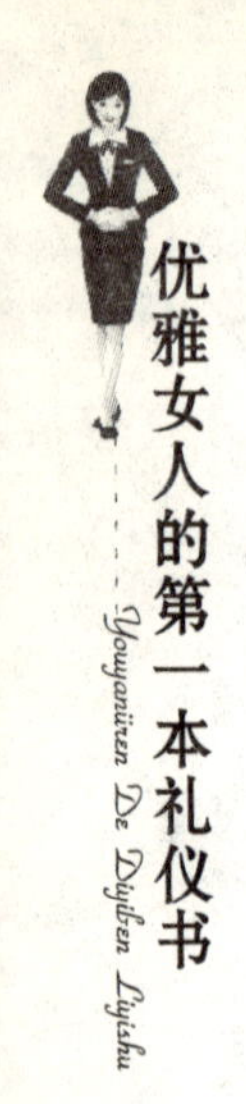

因是看不惯媳妇睡懒觉，儿子起来做饭。实际上，在城市，男女都上班，男人做些家务也是正常的，婆婆根本用不着看不顺眼。

相互同情

婆媳间贵在相互了解、相互同情。媳妇到婆家之后也要入乡随俗，要克制自己，逐渐适应婆婆家的生活，凡事不能由着性子来。婆婆也是如此，媳妇年轻，许多家务婚前没有干过，需要边学边做，允许出点差错，闹点笑话，当婆婆的要理解，并给予帮助。

人人都有自尊，女人的虚荣心特强，你挑剔她的毛病，她即认为这是有意和她过不去，要她的“难看”，因而必然“以口还口，以牙还牙”，这样势必两败俱伤，所以，婆媳间切忌挑剔。

婆媳之间最好不要争吵，因为婆媳之间一旦“破了脸”以后，关系就不太好处了。不过，话说起来容易，避免争吵，需要婆媳都具有很好的品质涵养。如果发生了争吵也不应大惊小怪，认为“反正如此，干到底算啦”，于是相视如仇，互不答腔，而且总是以指桑骂槐的形式表示出来。双方一定要注意礼貌语言，不要出口不逊，说过头话。你骂她“老不死”，她骂你“小畜牲”，日后，还能相处吗?

“夹板”丈夫可敬，凡是婆媳关系处得好的，当丈夫的都起了很好的作用。有些丈夫很聪明，争脸的事儿，让妻子去做，不讨好的事自己去做。妻子和自己的母亲都希望你站在她那边，这时，你只好两边说点谎话，装装糊涂，虽个人受点委屈，但却换来了整个家庭的宁静与幸福。与自己母亲同住的丈夫，更应注意夫妻之间的感情交流，以免造成不必要的误会，同时还应该注意，不要在自家人面前评论妻子的家世，也不要拿妻子和母亲比较，特别是自己的母亲很能干，而自己的妻子在这方面不太擅长时，更不要比较，否则，你将是自讨苦吃。

翁婿礼仪

一般说来，岳父母与女婿之间，关系是比较好相处的。岳母对待女婿的态度同婆母对待媳妇不同，但是也不是所有的女婿都受岳母喜欢。女婿们若想取得岳母的好感和喜欢，最为有效的办法，要掌握其中的礼仪秘诀。

岳母面前夸妻

夸奖妻子，说你爱其女儿，夫妻关系融洽，岳母对女儿的未来放心满意，夸的是妻子，高兴的却是岳母。在岳母看来，女儿是自己一手抚养大的，女儿身上的优点都是自己培养教育的结果。因而看来你夸妻子，实质是在夸岳母。另外，还要想到，做女婿的在岳母面前夸奖妻子，不是你的需要，而是岳父母的需要，是你与岳父母和睦相处的需要，也是你妻子的需要。你的妻子也希望这样做，这意味着你爱她。

女婿对岳父母夸些什么呢？这里向你介绍以下几点内容，不妨试试：

一夸妻子手巧。可夸她会织毛衣，又会做家务等。

二夸妻子善良。可夸她心眼好、善良，会为人处世。

三夸妻子孝道。可夸她孝顺、贤惠，上尊父母，下和兄嫂。

四夸妻子会过日子。可夸妻子善于精打细算，治家有方，会过日子，岳母听了一定会高兴。

在岳母面前夸妻子“言过其实”点也不要紧，岳母会认为这是开玩笑，但心里却愿意听，这总比当面指责她的女儿要好得多。世间的女婿们，你想获得岳母的好感吗？请不要忘记，在岳父母面前夸妻子，这是岳父母与女婿相处和睦的第一个秘诀。

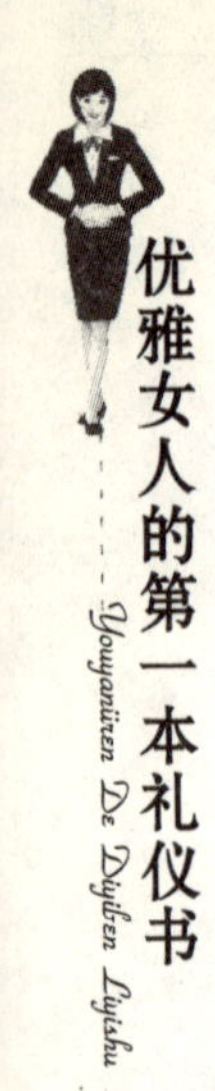

女婿的“贵”与“忌”

贵在嘴甜，忌“多嘴”。评论女婿的依据，就是看女婿的嘴甜不甜。女婿嘴甜，意味着亲近，岳父母在外人面前也“有脸”；女婿的嘴懒，意味着“生分”，不仅别人骂你缺家教，岳父母脸上也无光。所以，嘴甜是一个好女婿的必备品质。

嘴甜，不等于“多嘴”。多嘴是女婿干涉岳父母的“家政”，这也是女婿的一大“忌”。对岳父母的家事，女婿若多嘴，即使意见正确，也会认为这是乱了“体统”，是外人当家，心理上最反感。

贵在奉献，忌索取。女婿要博得岳父母的爱，与妻子家的兄弟姐妹搞好关系，必须明确岳父母的开支，这是他们自己的事，女儿没有权力干涉。作为女婿更无权让妻子回娘家要钱、物等。

娘家的兄弟妯娌，最讨厌出阁的女儿回来索取东西，许多婆媳不和，家庭纠纷就是由此而产生的。做女婿的切记不要让妻子回娘家索取东西。

岳父母的“三忌”

一忌宠爱闺女。小两口矛盾斗气，女儿没处诉说，不免向母亲倒倒苦水。精明的岳母会批评女儿，女儿在母亲这里没有得到好处，就会认真反思，改正自己的错误。若岳母是个糊涂人，女儿一哭诉，即感到揪心的痛，对女儿采取“宠”的态度，女儿则以为有后台，更加有恃无恐，小俩口矛盾将越来越大。

二忌过分“参政”。有人对自己的女儿总是不放心，特别是分家时，生怕女儿吃亏，往往给女儿出主意。出的主意好还可以，如果出的是“馊主意”，非挑起女婿家的矛盾不可。所以岳父母最好不要介入。

三忌指责女婿。小两口一旦发生矛盾，岳父母千万不要当着女儿的面指责女婿。因为女婿与岳父母的关系，并非一种骨肉情。二者相对的基础是相互尊敬。

半子之礼

岳父母花了半辈子心血把女儿抚养长大，刚刚长大，就给你作媳妇，这也是一种大恩大德，做女婿的应该铭记在心，加以报答。

女婿对岳父母尊敬、孝道，妻子也会对公婆孝道，和公婆和睦相处。一个不关心岳父母的人，妻子同公婆的关系一定好不了。

赡养父母，是法律赋予子女的义务。因而，妻子的义务，也就是女婿的义务。平时多到岳父母家去探望，遇到节日、生日，买点礼品前去祝贺，这都是女婿应尽的义务。人都有老的时候，不失时机地把岳父母请来家住几天，尽尽孝道，不但岳父母心里高兴，就连妻子也高兴，对于巩固和发展夫妻间的爱情，意义更大。

亲朋礼仪

夫妻任何一方的亲戚朋友来时，都要以礼相待，热情待客。

富裕的亲戚来了以后，一般比较欢迎的，礼也周到，对待穷亲戚怎样，就看你知礼不知礼了。比如，丈夫或妻子的亲戚从农村来了，有的妻子或丈夫态度冷淡，瞧不起，吝钱如命，根本不懂“有来无往非礼也”的道理，客人走时，带来的东西全留下，却不知买点东西给人家“压包”。

其实，对待所有亲戚，不管是妻的还是夫的，不论是贫的还是富的，都应一视同仁，过年过节，红白喜事，亲戚来了，要一样热情地对待。让座、敬茶，入席吃饭，首先应让年龄大、辈分高的，然后依顺序而让。

朋友有很多种，不同的朋友来时，可以采取不同的接待方式。

（1）一般朋友。夫妻一方的朋友来家时，要热情相待，丈夫的朋友来后，丈夫要向朋友介绍自己的妻子，同样，妻子的朋友来了，妻子也要向

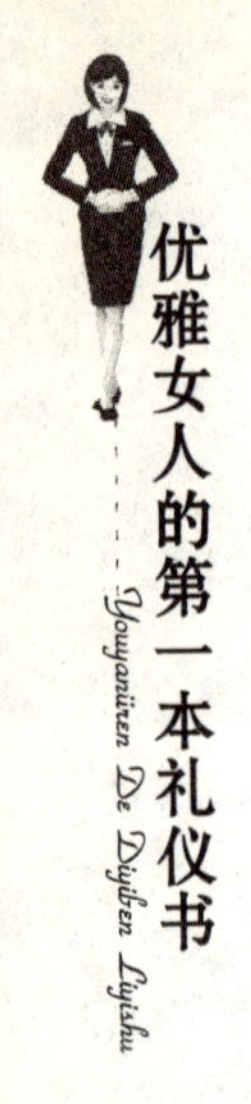

朋友引见丈夫，如果爱人不在家，他的朋友来访，也要热情款待，让朋友在家稍候，和他们攀谈，不要冷落客人。如果爱人暂时不能回来，要向他们说明原因，请他们留下姓名地址及有何事情，等爱人回来办理。

（2）爱人的旧恋人。家庭生活中有时会出现一位不速之客，夫妻中某一方的旧恋人突然因事来拜访了，是冷淡、讥讽、挖苦还是以信任的态度对待自己的爱人呢？正确的态度是以礼相待来者，不凭空怀疑自己的爱人，你要理解和尊重配偶在婚前的经历，这样就容易促使爱人忘却旧情，获得爱人对你的感激、敬佩和热烈的爱。假若爱人真有旧情萌发的现象，也不要改变态度，和自己的爱人讲清道理，摆明利害，加以开导和劝说，必要时可找其亲友和父母加以干涉，切不可感情用事施之以暴，授之以柄，把事情弄坏。

夫妻一起走亲访友时，在亲朋家说话要口径一致，要么妇唱夫随，要么夫唱妇随。有不一致的意见时，不要当亲朋面争吵。也不要把家里的矛盾或不愉快带到亲朋家。

妯娌礼仪

妯娌关系是家庭中很难处理好的关系，一个家庭常常因妯娌之间的矛盾，闹得全家不得安宁，闹得兄弟之间伤感情，兄弟间的“窝里斗”是时常发生的。妯娌之间应当认清你们在家庭中的位置，因为你们不是和这个家庭有血缘的关系，你们之间的感情绝没有兄弟姐妹之间那样深厚，兄弟姐妹之间有时也发生矛盾，这种矛盾是母体上同血系的矛盾，比较好解决。妯娌之间发生矛盾就不同了，你们是不同血系的人，因丈夫的关系成为一个家庭的，你们之间的关系是脆弱的。有时因讲话不慎都引出矛盾来。为搞好妯娌关系，有几种方法可供借鉴：

（1）不传话。家庭是个小社会，同样存在各种矛盾，作为妯娌，看见家庭的矛盾和问题本应积极地去化解，把问题摆在桌面上谈开了，问题也就解决了。可是往往当面不说，背后瞎嘀咕，有时本来没有多大的事，往妯娌间一嘀咕，反而把问题闹大了，结果成了风波的导火线。

（2）不拆台。女同志，特别是妯娌之间嫉妒心很重，生怕别人比自己强。妯娌是家庭的新成员，她一进家门就想得到多方面关照，自己做事也总想让家里人知道，让家里人赞扬，说自己是个能干的好媳妇。妯娌们都是带着这样的心理组成一个家庭的，这就为和睦带来了障碍，因为都想自己好，自己压过别人。这样一做事时就喜欢拆对方的台，使别人的好事办不成。

（3）不计较小事。一个家庭琐事过多，也很难都满足每个人的要求，特别是妯娌之间小事更多，如果整天为小事去斤斤计较，那么家庭的矛盾也就没完没了。爱计较小事的人就连吃饭，你多吃一点，她少吃了也会打仗，在一些大问题上更常以小人之心度君子之腹，因私心过重瞎猜忌而闹矛盾。

（4）不给丈夫出难题。妯娌之间不和睦的因素较多，有时为一些事情弄得兄弟之间不团结。作为妯娌不要在丈夫面前搬弄是非，为妯娌之间的一点鸡毛蒜皮的小事使丈夫难堪。

（5）不要总想占便宜。妯娌之间要谦让，要多为别人着想，不要遇事总想自己，一有什么好事自己就往头里抢，总想多占点便宜，占上风，不吃亏。这样是搞不好妯娌之间关系的，只有你敬我一尺，我敬你一丈，相互感化才能处理好妯娌间的关系。

（6）凡事多商量。妯娌之间应当是遇事多商量，这种商量不是客气的商量，而是真心诚意地相互协商，这样做一可以表示相互尊重，二可以交流感情，三可以增进友谊，四可以统一认识便于合作。因为一个家的琐事乱如麻，一旦有什么情况，只有妯娌们同心协力，兄弟之间才能产生一种合力。

（7）要有共辱感。俗话说："天有不测风云，人有旦夕祸福。"一个家庭不可能总是一帆风顺，总会遇到这样或那样的问题，作为妯娌之间应在困难中鼎力相助，要知道患难中的友情最深，千万不要一方有困难，另一方不伸手，不出力相助，这是最伤妯娌之间感情的事。

（8）要多讲别人好的地方。妯娌之间都想让家里人说自己好，说自己是个能干的好媳妇，谁也不愿听别人说自己的坏话。因此，妯娌之间应多

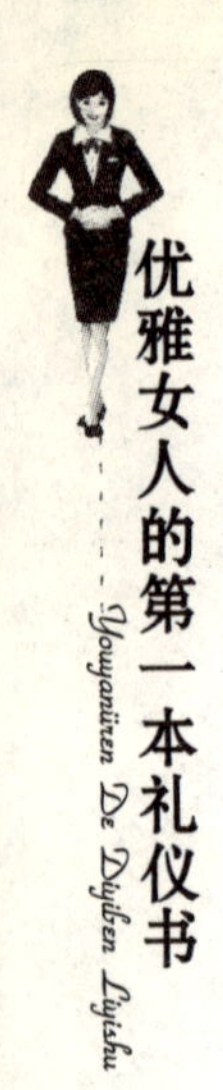

讲对方的长处、优点，这样时间一长双方自然会相互尊重，有什么不愉快的小事也就不了了之了。

（9）要宽容。妯娌之间要有宽厚之心，都是女人，都有为自己的小天地做贡献的心理，都有自己的丈夫和孩子，难免相互间有碰撞的地方。不能一有相碰的地方就揪住不放、耿耿于怀，要度量大一些，家庭琐事无真理，让三分海阔天空，忍一时风平浪静。

七 节日礼仪

传统节日礼仪

我国的传统节日很多，有春节、元宵节、清明节、端午节、中秋节、重阳节等。传统节日有一些基本特征。

春节

春节是我国农历的新年，在民间，它是最古老、最隆重的一个传统节日。按民间习俗，从腊月二十四起到新年正月十五闹元宵止都称春节。现在，春节的庆祝活动一般从大年三十（二十九）开始。春节期间，家家户户清扫一新，贴春联、贴年画、守岁、放鞭炮、拜年等活动丰富多彩。

1. 扫尘

每到年终，一般在腊月二十三，每家每户都要彻底地打扫屋子，以表示除旧迎新。

2. 办年货

一到腊月，人们都要上街采办过年的物品，买年画。

3. 吃年夜饭

吃年夜饭意为一家团圆。腊月的最后一天，要全家团聚吃一顿丰盛的年饭。凡家中在外地工作或学习的家人都会尽可能赶回家团聚。这顿饭要吃得欢欢乐乐，菜肴吃食也具有吉利的象征意义，如鱼（年年有余）、整鸡（大吉大利）、青菜（清洁平安）、年糕（年年高）等。吃饭时，不要说丧气的、不吉利的话，不能失手打破碗碟杯盏，不要碰翻椅凳，因为这些会被视为不吉利的征兆。

4. 守岁

在“一夜连双岁，三更分两年”的除夕之夜，人们有通宵守岁的习俗。这一夜，灯火通明，家人围坐一起畅谈，小孩还可以从大人那儿得到

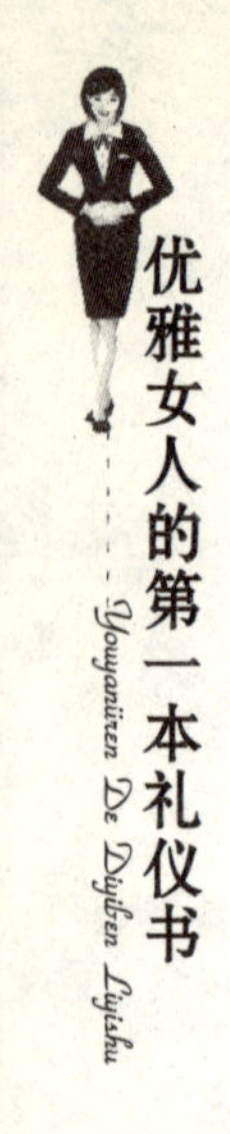

压岁钱。除夕之夜，在我国北方，家家都要包饺子。

5. 鞭炮迎新

“爆竹声中一岁除，春风送暖入屠苏”。古代燃放鞭炮是为了驱鬼祛邪，而如今则表示吉庆欢乐，鞭炮越响，来年家庭财源会越兴旺。

6. 拜年

春节拜年是一种极富人情味的礼仪习俗。新年伊始，人们走亲访友，登门拜年互致节日祝贺，联络感情。拜年的习俗各地并不相同，但一般初一上午不走亲访友。出去拜年要穿戴整洁。出门遇到熟人、朋友要恭贺新年，说些吉利话，即使是遇见平时与之开惯了玩笑的人也不能随便开玩笑。见到长辈要行拱手礼。走亲访友要携带礼物。

过年时，招待宾客的食物极有说法。吃柿子苹果，意为事事平安。吃年糕会有年年高升之意。

元宵节

农历正月十五，是一年中第一个月圆之夜，这一天叫上元月，这天晚上称元宵。现代元宵节有很多节俗活动。

1. 舞龙或舞狮

各地组织龙灯队，从初三、初四开始走家串户玩耍，元宵夜，各队龙灯聚在一起表演。

2. 放灯、观灯

按照“除夕火，元宵灯”的习俗，元宵夜，家家户户挂灯放焰火，人们以观灯为乐。有的地方还制灯谜，人们观灯之时还可猜谜，增添了游乐兴致。有些单位组织灯会，场面盛大而壮观，我国北方还在这一天展览冰雕、冰灯，供人欣赏。

3. 吃元宵

每逢正月十五，家家户户都要吃元宵（汤圆），象征家庭团圆、和睦幸福。

清明节

清明节又称踏青节，节期是每年冬至后的106天，即公历4月5日前后。清明又是24节气之一，被民间演变成节日始于春秋时代。

如今，每逢清明节，人们手持鲜花或小花圈，为故人归墓，焚香烧纸钱。不少单位还组织学生、职工，为英烈扫墓，向他们敬献花篮。许多人结伴踏青，欣赏美丽的春色。

端午节

每年农历五月初五，是我国民间传统节日端午节，又称端阳节、重五节、天中节。端午节的节俗礼仪一开始就围绕“除鬼驱邪”展开。因为，五月雨水多，温差大，同时，又是长江黄河汛潮，常有水灾发生。于是人们在端午节举行“驱邪”的活动。

关于端午节，相传是为了纪念爱国诗人屈原。相传爱国诗人屈原在农历五月初五这天怀抱石头投汨罗江自尽，两岸百姓知道后，纷纷划船打捞他的尸体，并向江中投放粽子，使鱼虾饱食后不吃他的尸体。此传说历代沿袭下来，演变成如今端午节吃粽子、赛龙舟的习俗。

1. 挂菖蒲、艾叶

民间特别是农村家庭，门窗上要挂菖蒲、艾叶，用以驱鬼避邪保平安。虽然这是迷信，但因艾叶、菖蒲具有杀虫、驱寒、消毒之用，故这一习俗一直保持下来，城乡许多家庭都在这一日采集艾叶，以备常年家用。

2. 吃大蒜头、喝雄黄酒

端午节，家庭要备一桌丰盛于平日的饭菜，全家共享。这一餐习惯上要吃大蒜头煮肉，喝雄黄酒。大人会在不能喝酒的孩子额头上沾上雄黄，或画一个“王”字，去病消灾。这种习俗在现代城市已逐渐被人遗忘。

3. 吃粽子

粽子又名角黍，端午节吃粽子是我国民间长久盛行的习俗。早在1300

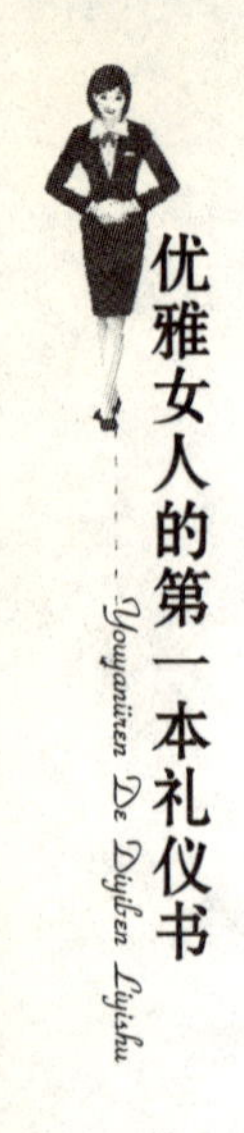

多年前的唐朝，吃粽子已经流行。关于吃粽子来源的说法很多，但主要还是为了纪念屈原。

4. 划龙舟

划龙舟是端午节一项盛大活动，据说，龙舟赛是从屈原投江后，人们组织舟船，竞相划桨，寻找尸首演变而来的。经过历代相传，龙舟竞渡已成为了全国性节日竞技活动和体育活动。

5. 互赠节礼

端午节，亲朋好友之间有送节礼的风俗，一般以粽子、咸蛋、猪肉等相赠，女婿要去给丈人、丈母娘拜节。

中秋节

农历八月十五，是我国民间传统节日中秋节。中秋时节，丹桂飘香，秋高气爽，明月当空，“一夜明月今宵多”。人们把月圆当作人间团圆的象征，因此，中秋节又称“团圆节”。

1. 赏月吟诗

每当十五的月亮升起，清辉洒满大地，人们在露天（有条件的可以摆在桂花树下）摆上桌凳，把圆形的果子（苹果，枣子）或圆形食品（月饼）供于桌上，全家人围桌而坐，共享明月清辉。文人雅士往往诗兴大发吟诗唱对。因工作、学习不能团聚的夫妻、情侣，望着圆圆的皎洁的月亮，自会勾起两地相思。

2. 吃月饼

中秋节有吃月饼的习俗。月饼作为应节糕点，味美又寓团圆之意。关于吃月饼的起源，始于元代。民间以月饼作为中秋节最佳食品。

3. 赠送礼物

中秋节，民间要走亲访友，互赠礼品。青年男子趁此节日拜会岳父母，礼物不拘轻重，可以是月饼、糖果、酒类、糕点等，最好是成双成对。

重阳节

农历九月初九，是我国民间的传统节日。我国古代把九定为阳数，农历九月九日，月日并阳，故称“重阳”。重阳节时，正是秋风送爽、丹桂飘香之际，人们在这一天登高、喝菊花酒、插茱萸、吃重阳糕等习俗自战国时起一直流传至今。如今，每逢重阳节，人们登山远足，现代社会还把重阳节定为“敬老节”，向老年人表达敬意之情并帮助他们解决困难等。

我国现代节日礼仪

妇女节

3 月 8 日，是世界各国劳动妇女的节日。

1909 年 3 月 8 日，美国芝加哥女工为争取自由平等，举行大罢工和示威游行，得到美国广大劳动妇女的积极响应。

1910 年 8 月，第二届国际社会主义妇女代表大会在丹麦哥本哈根举行。大会通过了德国革命家克拉拉·蔡特金的建议，定 3 月 8 日为国际劳动妇女节。

1949 年以后，我国规定每年 3 月 8 日为妇女节。

植树节

1925 年 3 月 12 日，伟大的革命先行者孙中山先生逝世，为纪念孙中山先生，当时的国民政府于 1929 年规定以后的每年的 3 月 12 日为植树节。

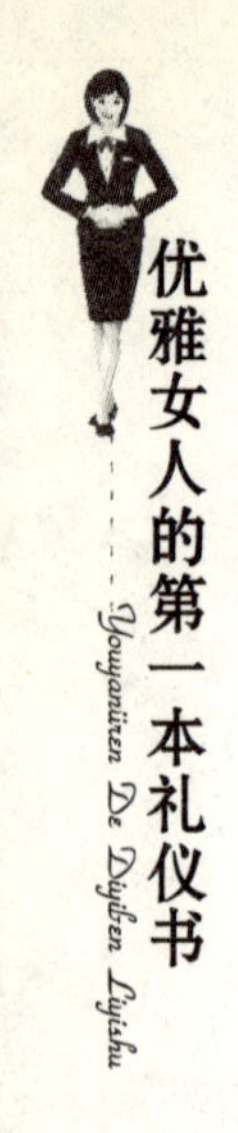

1979年2月23日，第五届全国人民代表大会常务委员会第六次会议根据国务院的建议，正式确定3月12日为植树节。此后，每年3月12日，全国人民都有义务植树造林，绿化环境。

劳动节

5月1日，是全世界劳动人民的节日。

1886年5月1日，美国芝加哥工人举行大罢工，要求改善劳动条件，实行八小时工作制。经过斗争，终于赢得了胜利。

1889年7月14日，第二国际成立大会在法国巴黎举行。大会通过了法国代表拉文的提议，把5月1日定为“国际示威游行日”，亦称“劳动节”。

1949年以后，我国规定5月1日为劳动节。

每年5月1日，全国放假一天。许多单位召开表彰会、庆功会，宣传劳动模范的先进事迹。不少地方举办游园会，张灯结彩，欢庆“五一”国际劳动节。

青年节

1919年5月4日，以北京大学为首的北京13所高校的学生举行示威游行，抗议帝国主义列强侵犯我国领土，学生的爱国行动遭到了北洋军阀政府派出的军警的镇压。为了纪念学生的爱国运动，1939年，陕甘宁边区西北青年联合会规定5月4日为中国青年节。

1949年12月，我国正式规定5月4日为中国青年节。此后，每年5月4日这一天，全国各地青年都要以举办报告会、演讲会、文艺晚会等形式，纪念五四运动，欢度五四青年节。

儿童节

6 月 1 日，是国际儿童节，是全世界儿童的节日。

1949 年 11 月，为了保障全世界儿童的生存权、保健权和受教育权，改善儿童生活，国际民主妇女联合会在莫斯科举行的理事会上作出决定，每年 6 月 1 日为国际儿童节。1949 年 12 月，我国政府规定 6 月 1 日为中国儿童节。

每年 6 月 1 日，我国各地儿童身穿节日盛装，举行联欢会、游园会等各种活动，和世界各国儿童共同欢庆自己的节日。

建军节

1949 年 6 月 15 日，中国人民革命军事委员会正式发布命令，规定以“八一”字样作为中国人民解放军军旗和军徽标志，8 月 1 日为纪念中国人民解放军诞生的节日。每年 8 月 1 日，全国各地都要开展拥军优属、军民联欢等活动。

教师节

9 月 10 日，是中国教师节。

1985 年，全国人民代表大会正式确定 9 月 10 为我国的教师节。在这一天，全国各地以茶话会、表彰会、联欢会等各种形式，欢庆教师节。许多学生主动送给老师有意义的小礼品，如鲜花或精美的节日贺卡等，表达敬意和谢意。

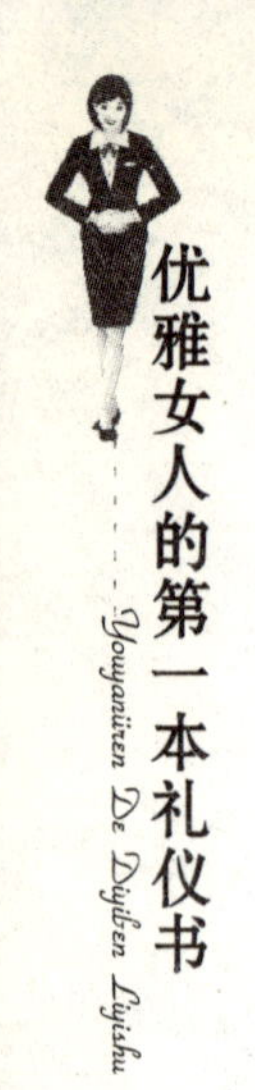

国庆节

10 月 1 日，是我国的国庆节。

1949 年 9 月，中国人民政治协商会议第一次全体会议确定“中华人民共和国”为新中国的国家名称，1949 年 10 月 1 日，在北京天安门广场举行盛大的开国大典，毛泽东主席亲手按动电钮，升起了新中国的第一面五星红旗，并庄严宣告中华人民共和国的成立。

1949 年 12 月 3 日，中央人民政府举行会议，通过 10 月 1 日为中华人民共和国国庆节的决议。每年 10 月 1 日，全国放假三天，各族人民以各种庆祝方式欢度国庆。

海外主要节日礼仪

海外的节日，如圣诞节、情人节、宰牲节、开斋节主要源于基督教和伊斯兰教等宗教传统，并融为他们生活的一部分。

圣诞节

圣诞节是纪念耶稣基督诞生的节日，它的时间是每年的 12 月 25 日。它的节期延缓很大，通常为 12 月 24 日至次年的 1 月 6 日。现在圣诞节已成为一个世界性的民间节日。

由于圣诞节在西方的重要地位，许多国家早在节日到来之前一个月就开始筹办了。亲朋好友之间要互寄贺卡，卡上写有各种祝福的语句。

西方人以红、绿、白三色为圣诞色，每逢圣诞节来临，家家户户都要用圣诞色来装饰。红色的有圣诞花和圣诞蜡烛，绿色的为圣诞树。

红色与白色相映成趣的是圣诞老人，他是圣诞节活动中最受欢迎的人物。

每个家庭还要在客厅的一角用一棵杉或柏等长青树搭成圣诞树，树枝上挂满五颜六色的灯及各种玩具和礼物，树的顶端往往还装饰有一颗象征欢乐和幸福的明亮的星。

圣诞之夜，家家户户都要围在圣诞树周围吃圣诞晚宴。宴席开始前，人们打开放在圣诞树下的一包包礼物，互相祝贺。宴会后还要在圣诞树前做各种游戏，唱圣诞歌曲，欣赏宗教音乐。

情人节

每年的 2 月 14 日，是情人节，它深受欧美各国青年喜爱，也是一个充满甜蜜感情的浪漫节日。

情人节又称为“瓦伦丁”节。据传说，公元 3 世纪时，古罗马有一位名叫瓦伦丁的虔诚的基督教徒，因带头反抗罗马统治者对基督教徒的迫害而被捕入狱。在狱中，他受到典狱长之女的精心照料，并且同她相爱。临刑前，他给自己的情人写了一封信，表明了自己光明磊落的心迹和对她的一片情怀。公元 270 年 2 月 14 日，瓦伦丁被罗马统治者处死。自此以后，人们为了纪念这位壮烈而多情的殉教者，就把这一天定为情人节。

今天的情人节，是青年人追求美好爱情的节日。在这一天青年人要向心中的情人寄送一封情人卡，在卡上尽情抒发自己的爱慕之情，不需署名。

在情人节，沉浸在爱情之中的人们要互赠礼物：巧克力、精巧的小饰物和郁金香花束，前两种东西以做成心形最受欢迎，这一天情侣们还喜欢参加舞会或进行郊游。

愚人节

每年 4 月 1 日的愚人节，是西方国家已有 800 年历史的民间传统节日。据记载，愚人节起源于法国。法国人将愚人节的受骗者称为“四月的鱼”，意思是他们像小鱼一样容易上钩。到 17 世纪末，英国人也开始过愚人节。随后，它流传到了世界各地。

在愚人节期间，人们以相互愚弄和欺骗来取乐。被愚弄和欺骗者只许苦笑，不许发火。

愚人节轻松、幽默、快活的气氛，不仅深受欧美人的喜爱，也逐渐流行到了世界各地，包括我国。不过，过愚人节总得有个分寸，至少不能拿国家大事开玩笑。

母亲节和父亲节

母亲节和父亲节都是美国法定的节日，这两个节日意在告诫人们毋忘父母养育之恩。

美国国会于 1914 年通过决议：将每年 5 月的第二个星期日确定为母亲节，以表示对母亲的崇敬和感谢。

母亲节这天，全家人团聚并且让母亲休息一天。当日，父亲们要负责做家务和照料孩子，以便使妻子好好休息一天。孩子们则不准贪睡，一大早就要爬起来去为妈妈做上一顿早餐。正餐要全家一起出外去吃。

在母亲节，人们要向自己的母亲赠送表达自己心意的礼品，其中鲜花是最受人欢迎的。当天不能赶回家当面向母亲祝贺节日的，通常要打电话向母亲致意。

1910 年美国基本上正式确定 6 月的第三个星期日为父亲节，然而父亲节真正成为全国性节日，要比母亲节晚近 60 年。直到 1972 年，这一节日才得到法律的确认。

人们在父亲节要佩戴鲜花以表达对父亲的敬意。如果父亲健在，应当佩戴红玫瑰。如果父亲已经去世，则应佩戴白玫瑰。目前美国各州选定的向父亲表示敬意的鲜花不尽相同。

复活节

复活节亦称为耶稣复活瞻礼或主复活节，它是基督教用以纪念耶稣复活的一个宗教节日。复活节的日期是每年春分（3 月 21 日或 22 日）月圆后的第一个星期日。节期有的国家是 4 天，有的国家为 122 天。

复活节是仅次于圣诞节的基督教第二大节日，每逢此日，教会都要举行隆重的纪念礼拜。信徒们相见，第一句话就是："主复活了"，复活节期间，人们经常互赠复活节彩蛋，在古代，鸡蛋象征着生命，并被视为耶稣复活的坟墓。

复活节这一天晚上，西方国家的家庭成员都团聚在一起，举行晚宴。晚宴上的传统主菜是羊肉和熏火腿。用羊祭祀是基督教信徒千百年来的传统，而猪象征着幸运。复活节赠送的礼品主要是鸡蛋，人们把煮熟的鸡蛋藏在树穴、草丛等地方，让孩子们四处寻找，充满着节日的兴趣。

感恩节

感恩节是北美独有的节日，每年 11 月第四个星期四是美国人的感恩节，加拿大则定在 10 月的第二个星期一。

感恩节源于北美的普利莱斯。1620 年 9 月，102 名英国清教徒为了摆脱宗教和政治上的迫害，乘坐"五月花"号木船，经 65 天海上漂泊至普利莱斯。由于严寒、疾病和缺少衣食，第一个冬天便夺走了半数以上人的生命。纯朴的印第安人同情他们，给他们食物，并教他们狩猎、种玉米、捕鱼、盖房等技法。

移民们经过辛勤劳动，终于在第二年获得了可喜的丰收，闯过了生活的难关。为了感谢上帝赐予的收获和增进同印第安人的友谊，他们用火鸡、玉米等劳动成果制成佳肴，自制啤酒，大摆筵席。当时印第安人也带着鹿和火鸡应邀前来，一连欢庆了三天。白天设宴，举行体育活动，夜晚载歌载舞。

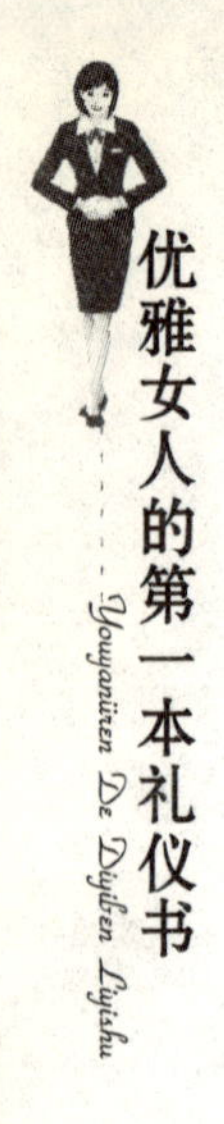

1863年林肯在白宫宣布11月最后一个星期四为全国感恩节，号召美国人民不分东西南北，共同为美国的繁荣做出贡献。

在美国，感恩节是合家团聚的日子，其隆重程度类似于中国的春节。在这一天，总统和各州州长都要发表献词，一些大城市举行花车游行，全国放假三天。

美国人一年中最重视的一顿饭就是感恩节的晚餐，主要食物是火鸡和南瓜饼，此外还有红薯、玉米、布丁和蔓果酱等。

八 婚丧嫁娶礼仪

婚庆礼仪

婚庆礼仪，无论在古今中外，都被认为是人生仪礼中的大礼。但对其的认识则古今大不一样。古人认为，家族和血统的延续，是做晚辈不容推卸的重任，即所谓“不孝有三，无后为大”，因此，把交合男女阴阳、产生子嗣的婚姻之礼放在一个很重要的地位。婚礼和婚姻制度有密切联系，从一个侧面反映了人们的文明教化程度。以汉族为主体的中华民族祖先和世界各民族一样，在原始时期经历过乱婚、群婚的阶段，进入文明社会之后则基本采取一夫一妻的婚姻形式。

现代婚典礼仪

1. 选择婚期

结婚是人一生中的大事，选择婚期，即商定结婚的日期。这种活动，一般由男方的父母出面，登门拜访女方父母，俗称为“求亲”，实际上是双方家长，共同商议结婚日期和办嫁妆的日期。

婚礼一般选择在节假日或节日前夕举行，婚期和节日结合在一起，可以增加喜庆的气氛，可以使时间更加宽裕，而且参加婚礼的亲友会更多一些。

婚期一般应选在春秋或冬天。春大，生机勃发；秋大，金风送爽，都是结婚的佳时。

2. 婚宴礼仪

婚宴也称“吃喜酒”，是婚礼期间为答谢宾客举办的隆重筵席。如果说婚礼把整个婚嫁活动推向了高潮的话，那么婚宴是高潮的顶峰。

新郎新娘在婚宴上的礼节是否周全、适当，在一定程度上决定着婚宴以至婚礼是否能够顺利、圆满地完成，决定着客人对新郎新娘印象如何。

（1）无论是在家里还是在饭店举行婚宴，当客人开始入席时，新郎新

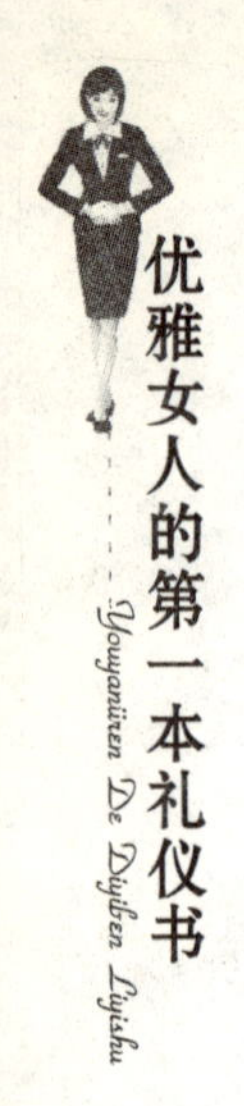

娘要双双立于门外，对客人的到来表示感谢，一直到最后一位客人入席。

（2）按照“长幼有序”的传统思想，婚宴开始，首先要由一位“支客”（专门负责接待客人，安排座位的人）负责将贺喜宾客按一定的秩序引座。席位安排有主有次，具体坐法，各不相同。主席一般为新娘的长辈、媒人、单位领导等重要人物。二席一般为新娘的同辈亲戚和一般宾客。其次是同事、朋友、邻里等，最好是把同性别、年纪相仿、互相熟悉的人安排在一桌，这样在酒席上有共同语言，可增加婚宴气氛。

（3）新郎新娘不要大吃大喝。新郎在婚礼宴上应多照应客人，让亲朋好友吃好喝好，高兴而来，满意而归。不要只顾自己，大吃大喝，甚至饮酒过度，当场醉倒，那就过于失礼了。但是，要是一点酒都不喝，一点菜也不吃，显得过于拘束、紧张，这些做法也不礼貌。对于客人的敬酒，即使酒量再有限，也要略加表示，至少要举起酒杯向客人致以谢意，并说明不能多喝的理由。

婚宴进行到一定程序，新郎新娘要按主次，依次到各席向每位客人敬酒。敬酒时要亲手为客人将酒杯倒满并双手为客人端起，但不要一律强求客人一饮而尽。等客人放下酒杯后，新郎新娘要说声“谢谢”，并再为客人将酒杯添满，方可再向下一位客人敬酒。

3. 结婚礼仪

婚礼，主要是指为庆贺婚姻关系的确立而举行的一种仪式。婚礼不具有什么法律上的意义和约束力。但是，婚礼毕竟是历史遗留下来的传统习俗，时至今日人们依然十分重视新婚的庆贺仪式，认为它是结婚的重要标志，多方面讲，举行适当的婚礼是合情合理的。

现代婚礼仪式逐渐趋向文明、简朴、生动、活泼，形式亦呈多样化，但传统的习俗仍有一定影响。目前社会上通行的婚礼大致有下列几种形式。

（1）家庭婚礼

家庭婚礼是被新婚夫妇普遍采用的一种形式，它可能自行选定婚礼的日期，安排婚礼活动内容，控制婚礼的场面和进程，也可自己选定婚礼的场地和方式，不受外界的制约，是一种比较自由随便的形式。

【准备工作】

①清扫房间，布置新房，在大门，卧室、厅堂和通道张灯结彩，贴上婚联。

②确定宾客的名单，提前发出请柬，不管在什么地方举行婚礼，双方的父母及新婚夫妇本人，都应邀请各自的亲朋好友参加。

③购置糖果、点心、香烟及其他必需品。

④准备足够的桌椅，要举行家庭婚宴的，还要准备炉灶、厨师以及锅碗瓢盆和采购食品、制定菜谱。

⑤在亲戚朋友中挑好主婚人、总管、接待人员和摄影或录像人员。特别是总管，必须要选头脑清醒、阅历丰富而且能随机应变、口齿伶俐、能言善辩的人担任。

⑥确定婚礼仪式程序，准备好录像机以及照相机。

⑦新郎新娘要准备好婚礼的礼服、服饰品、红花、标签及即席发言腹稿和应付各种可能出现的刁难、恶作剧的心理准备。

⑧双方父母也要准备好送给新郎新娘的礼物以及其他心理准备。

【婚礼仪式程序】

新房的布置并非易事，往往要花费很多人力和物力，新房布置好后，要注意保护新房的整体美。按照一般情况而言，新房较小，而参加婚礼的宾客又多，因此，婚礼仪式不宜在新房而应在厅里举行。家庭婚礼可不设司仪，由主婚人主持即可，等客人到齐后，结婚典礼即可开始。

①新郎新娘就位（胸前佩带红花和标签），播放欢快的乐曲。

②新郎新娘向家人和来宾敬烟、糖和茶点之类的食物。

③新郎新娘讲话，向来宾表示欢迎和感谢。

④主婚人向新郎新娘表示祝福和勉励。

⑤来宾致贺词。

⑥自由发言。

⑦新郎新娘介绍恋爱经过，表演节目。

⑧新郎新娘向双方父母献花、鞠躬。

⑨双方父母向新郎新娘赠送礼物。

⑩结婚典礼结束，送新郎新娘入洞房，或者开始婚宴。

在婚礼过程中，来宾可戏闹，不受拘束，自由自在地品尝糖、烟、茶、点心之类的食物，如果设婚宴，结婚典礼宜在宴前举行。担任照相或摄影人员，应在整个婚礼中捕捉各种场合上的有趣镜头，当然要突出新人这一主体，以作新婚夫妇之永久纪念。

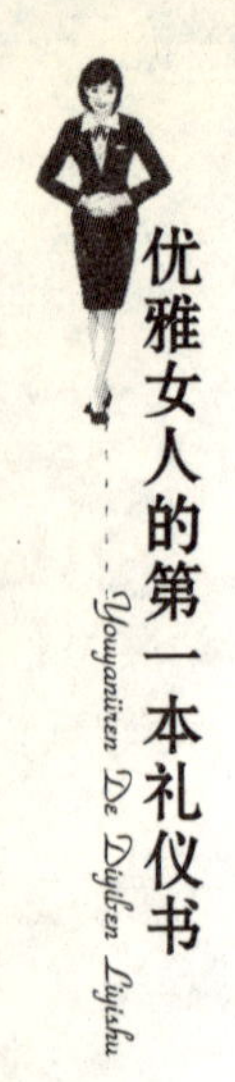

(2) 集体婚礼

所谓集体婚礼，就是几对、十几对、甚至上百对青年在一起同时举行的一个婚礼形式。集体婚礼的主办者可以是一个单位或是一个群众组织，或者是几个单位、几个组织一起联合举办。也有所在乡、县、区、市一级的政府机关举办的集体婚礼，参加者以自愿为原则，不是勉强参加。参加集体婚礼，不受礼也不举行婚宴。可由主办单位统一发出请柬，如果是单位单独举办的，也可以张帖大红纸海报的形式，告示本单位职工自由参加。

【准备工作】

①布置婚礼礼堂，要根据参加人数选择一个大小适宜而又宽敞、明亮、洁净的大厅，礼堂布置要显得庄重、大方、温暖、高雅。可以拉一条横幅，配以对联，再饰以各种彩带，花草和五彩缤纷的灯光，以增添婚礼的浓烈喜庆气氛。

②预备好用以招待来宾的喜糖，香烟和茶水以及送给新郎新娘的纪念品。

③确定婚礼仪式的时间和程序，用工整的字抄写在大红纸上，然后张贴于举行婚礼的礼堂墙上。

④确定致贺词人员（单位或组织领导人、来宾代表、家长各一名）和致答谢词人员（新人代表 1 名），并分别准备好贺词和答谢词。贺词与答谢词不宜过长，以免影响主题。

⑤确定司仪（1 人或男女各 1 人）。

⑥预备好给新人佩戴的红花和标签。

⑦准备好彩带和彩纸及撒彩纸的人。

⑧指定好摄影人员与拍照人员。

⑨请一支小型乐队。

⑩指定好服务人员。

【婚礼仪式程序】

①司仪宣布仪式开始。

②奏乐。

③请参加集体婚礼的各对新人入场，撒彩纸。

④新人请出席集体婚礼的领导和来宾吸烟、喝茶、吃喜糖。

⑤请领导人致贺词。

⑥请来宾代表致贺词。

⑦请家长代表致贺词。

⑧请新婚夫妇的代表致答谢词。

⑨自由发言。

⑩表演小节目。

⑪全体新人向领导、来宾、服务人员和家长鞠躬致礼。

⑫向新郎新娘赠送纪念品。

⑬欢送新人入洞房，结婚典礼结束。

（3）舞会婚礼

舞会婚礼是以跳舞为主要庆贺形式的结婚典礼。举行舞会时，会跳舞的上场跳舞，不会跳舞的则可在场边鼓掌助兴或说笑娱乐。其特点是场面热闹，气氛浓郁，健康文明，活泼欢快，感情比较融洽，而且比较经济。

对于一对即将结为夫妻的男女来说，婚礼舞会是他们一生中最为隆重、最难忘却的一次舞会，举办者不能掉以轻心，须郑重谨慎，周密细致，特别不能有礼仪上的疏忽。具体的准备工作应包括以下若干方面：

首先，是物色好舞会主持人。婚礼舞会不可能由新人来主持，也不能由新人双方的父母长辈来主持。最合适的人选是关系密切的朋友，或是一方单位的领导人，或是夫妇介绍的人。婚礼舞会主持人必须是精明干练，气质高雅且擅长交际应酬，能说会道的人。有了一个合适的婚礼主持人，是舞会婚礼成功的前提。

其次，是舞厅的布置。可根据来宾数量，选择大小适当的礼堂、俱乐部或会议厅等，注意不要使舞会显得过于拥挤，但也不要显得过于空旷。也可包租舞场或在露天场地举行。不论是自己找场地还是包租舞场，场地的布置都要隆重、热烈，突出婚礼的喜庆色彩。按照中国民俗，必须以和暖热烈的红色为主调。有三种东西不可缺少：大红双喜字，大红绸结和红绸飘带或鲜花（最好有一个硕大的花篮），再配上彩纸花环，彩带彩灯，渲染出隆重、热烈、富丽堂皇的喜庆气氛。舞会的灯光应比一般舞会的灯光亮一些，以利于宾主往来交际应酬。

再次，是选择好舞曲。婚礼舞会舞曲的选择应突出婚礼的特色。主要应选择一些曲调轻缓的舞曲，如慢三步、慢四步（布鲁斯）、探戈、华尔兹等，也可选一些快三步、快四步舞曲，不宜跳迪斯科、伦巴等曲调快

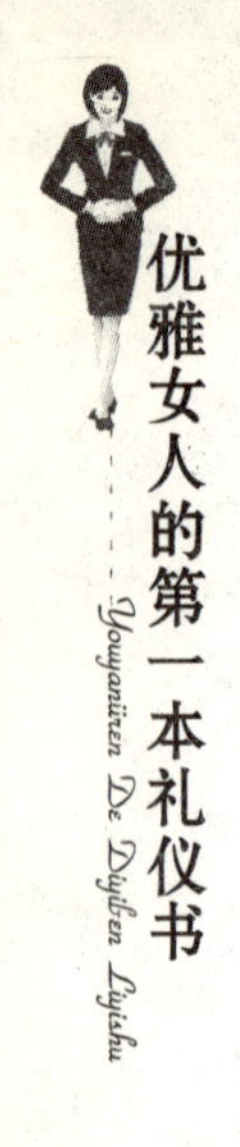

速、动作激烈的舞步。

还应注意的是做好接待事宜。由于舞会场面大，人员多，因此，主办者在招待时应特别细心。首先要准备足够的座椅，特别是单位领导和亲朋中的长辈，必须有所安置。其次要准备喜糖、果品、点心、饮料，还可适当准备一些低度酒。如果来的人文化层次较高，不妨借用鸡尾酒会的形式，将招待用的食品集中放置一处，任其各取所需。其三要注意对歌手的招待，虽然付有报酬，但他们也是舞会中有特殊身份的宾客，他们演奏演唱的水平发挥如何也是舞会成功的重要因素。其四要多关照不太擅长跳舞的来宾，以免让他们有受冷落的感觉。

新婚夫妇及双方家长，应在舞厅门口恭候宾客，舞会结束后，应在舞厅门口向来宾致谢送别。

新郎新娘的礼仪

新郎新娘是婚礼上理所当然的主角，是各方来宾目光注意的焦点，因此必须具备得当的礼仪。一般来说，主要应注意以下几点：

（1）仪表着装。新婚喜庆，新郎新娘要格外注意仪表，可适当化妆，做好发型，保持容光焕发。新郎一般穿西装系好领带，新娘一般穿婚纱，并适当佩戴项链、耳环等金银饰物，但不可多，以免俗气。

（2）迎宾待客。新郎新娘应手执鲜花双双立于大门口迎接客人，不可来回游走。客人到来时应热情地表示欢迎和感谢，适时地介绍给家中的长辈或其他客人，然后依辈分次序让座。敬烟敬茶时要用双手送上，并为吸烟的长辈或平辈客人点火。

（3）谈话说笑。与长辈交谈要诚恳谦逊，不可高谈阔论，信口开河。与平辈讲话要热情礼貌，注意谦恭。不可无休止地纵声大笑，或沉默寡言，不苟言笑。对晚辈要热情友好。

（4）坐立行走。不可歪歪斜斜地坐在沙发上，更不要高翘二郎腿。站立讲话时，要腰板挺直，不要全身抖动或前后左右经常挪动。行走时不要慢慢吞吞，状似散步，但也不要跑来跑去，或快步疾走，要注意走姿和节奏。

（5）相互配合。新郎新娘在婚礼上要双出双入，最好不要分开单独行动，并且在相互配合方面，应注意礼节，例如：应相互向对方介绍各自的长辈或平辈亲戚、朋友；相伴而行时，双方不要离得太远，但也不要过于亲昵；如有宾客取闹，应相互为对方解围；入座时，应让新娘先坐；送客时，应一起同客人告别等。

馈赠礼物的礼仪

参加婚礼是要备一份礼物的，但婚礼上送什么样的礼物更好，能让收受人更满意是需要计划一番的。

送礼的要点：第一在于得体，所谓“得体”，说得更坦白一点，就是要能适合受礼者的需要。譬如你的朋友（亲戚）是一位交友广阔、经济富裕的人，你预备送他一百元的礼金，不如省下五十元买一幅喜幛，或省下七十元买一幅礼轴写上颂词来得得体。相反的，如果受礼者是一位经济并不富裕，而且生活亦很节俭的人，就应该送礼金比较好些。

送礼在于“得体”，如何得体，在送礼之前，必先对受礼者的个性、教育程度、风俗习惯、经济状况等加以了解分析，依据上述原则选择送礼的方法，就不会失礼。

（1）赠送喜联喜幛。结婚赠送喜联喜幛，最为高雅，适宜交友广泛、结婚场面铺张的受礼者。喜联喜幛，一般礼品店均可代制，只需告诉受礼者与送礼者之姓名及两者关系，并说明是喜庆就可以，但如能亲笔书写，当然更有意义。

（2）贺函贺电。异地亲友结婚，虽不能亲赴道贺，但若利用贺函、贺电，甚为方便。贺函可随附礼金。

（3）赠送花束花篮。花束花篮，适宜于新式婚礼，显得较具时代气息，其缺点是毫无实用价值，必须对象适合才行。中国人一般是较讲实惠的。

（4）赠送实用品。适宜知己亲友。在购买以前，最好能知道受礼者之所需，先期告知，以免受礼者重复购置，这不能算是失礼之处。

（5）赠送现金。赠送现金，送礼者取其方便，受礼者得其实惠。礼金不论多寡，习惯上须双数。

应该说，婚庆礼仪对任何人来说都是对自己所具有的素质水平的一个

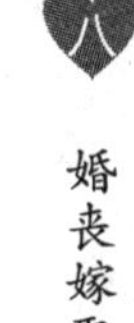

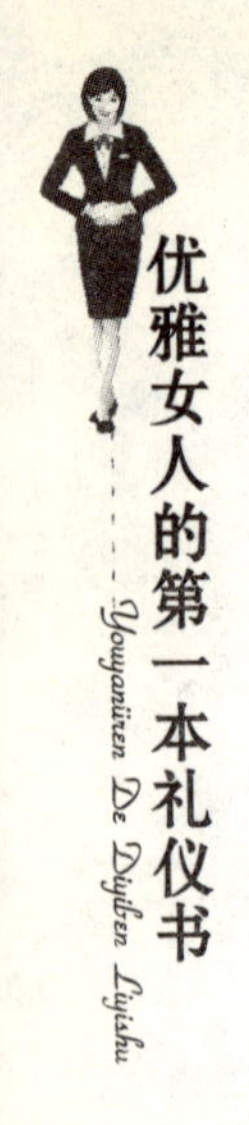

检验，因为这里包括了对领导、对同事、对朋友、对长辈，在公共场所、在家庭、在宴会上所涉及的种种礼仪，表现得好，展示出高水准，才能体现出自己是一个真正懂得礼仪的人。

丧葬礼仪

现代丧葬礼仪

随着社会的进步，人们文化水平的提高，旧式丧礼已越来越少为人们所采用。遗体的火化已日益普遍。新式丧礼已渐成风气。

1. 丧事新办的程序

（1）布置灵堂。灵堂布置以庄严肃穆为原则，正后方墙壁上扎“花牌”，有全花、半花两种，大致以深绿色为底，扎上黄色花朵图案。花牌的正前方置灵桌，灵桌后方正中央置四周扎有黄色鲜花的 24 英寸遗像（用黑边镜框）一座，灵桌上通常置备鲜花（黄白菊花为主）、供果、供菜，中间放灵位，两旁置大香烛一对，另有香炉等，如有致送素花篮的可置放灵桌两旁，以八字形排开较宜。孝家挽联（死者之夫或妻及子女等挽联）挂在遗像两旁正后方的花牌上，其他各界人士致送的挽联挽幛则可分别挂在灵堂两旁墙壁上。花圈、花篮安放于入门两侧。灵堂内左右置长桌，放香烟茶水，并置座椅若干，均备吊唁者休息之用。灵堂门外小间左右或灵堂外两侧地上置长桌，一边为收礼处，一边为签名处。

（2）刊发讣闻。为向亲友们报告死者逝世及吊丧时间地点，可口头通知，也可发讣闻或登报纸讣闻。

（3）收礼处、签名处应注意事项。普通丧事各方送礼大致不外花圈、花篮、挽联、挽幛、奠仪（礼金）等五种，应置备礼簿及谢帖，一方面登记收礼项目及数量，一方面写谢帖交送礼者作为证明之用。礼簿记载得清楚，可作为将来回报的参考。在签名处这一边，通常是招呼来吊唁者签名，并随手送上一朵纸花供佩戴用。

(4) 出殡注意事项。参加送殡的人数要有约略估计，不论亲友多少，要准备必要的车辆，以供送殡者乘坐。如果是中午时刻送殡，还需准备点心和饮料。

2. 吊丧礼仪

接到亲戚、朋友、同事去世的消息，要进行吊唁。又称吊丧，这是丧葬的基本礼仪之一，既是对死者的悼念，也是对死者家属的抚慰。进行吊丧时，应表示沉痛哀悼之情，态度要严肃，感情要真挚。

吊丧礼仪

因为办丧事不像办喜事那样发请柬、喜贴，所以，当得知亲朋好友去世的消息后，即赶紧前往吊丧，不应故意拖延，知而不去，是严重的失礼行为。因此，吊丧的时间应本着“宜早不宜迟”的原则来确定。

1. 吊丧的方式

(1) 参加追悼会。这是吊丧的最简单的方式。参加追悼会时，一般可单独或几个人合送花圈以寄托哀思，也可以送挽帐。追悼会是有严格礼仪要求的，从衣着打扮到挽联悼词，都有着自己的规范。

追悼会一般在遗体所在地召开，也有的在殡仪馆或火葬场召开。会前应作好充分的准备工作，按上文的要求布置好会场。会场中央上方悬挂横幅，用白纸黑字书写“××追悼大会”字样。由事先委托的治丧人员在会场门口代表亲属迎候亲友来致哀者，并发放白花和黑纱，一切就绪后，在约定的时刻，即可正式举行追悼大会。

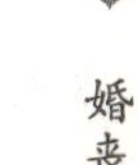

服饰要求：追悼会的气氛是沉痛肃穆的，致哀者的服饰穿着要与之适应。

①新寡的妇人应该穿着朴素深色的衣服。如今新近丧偶的妇人出现在丧礼之上的时候，已经不需要再穿黑衣、戴黑帽、头罩黑纱，不过，穿上较为沉重、暗色系的服装，还是会给人比较稳重，肃穆的感觉。

②抬棺人员和接待员应该穿着深色西装、白衬衫、深色活结领带，脚穿黑色皮鞋和袜子。

③出席丧礼的朋友和同事应该穿着朴素而不惹眼的服装，女人可穿保守朴素的洋装或套装，男人则应穿深色西装。

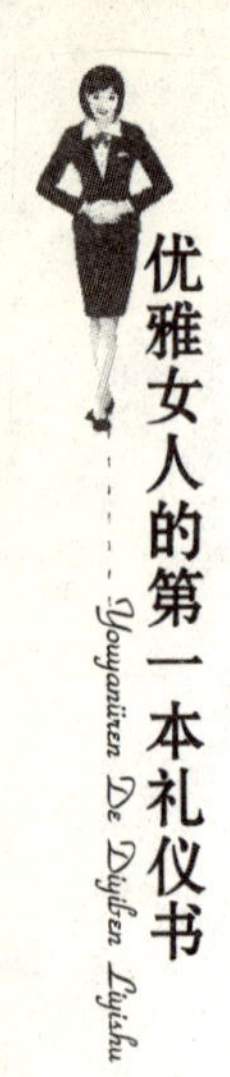

（2）音乐要求。追悼会在默哀期间要配以哀乐。当然，事前也可通过商讨，确定其他乐曲种类，但一般要表达生者的沉痛之情，烘托现场气氛。也可邀请某些乐队，进行现场演奏。如民间有些地方的习俗，即要请来戏班子，演奏一些曲目，使追悼会很是隆重。

（3）追悼会程序。这一点，各地有些差异。例如，有些地方要鸣炮，而有些城市却不允许燃放，下面仅列一些基本程序：

①宣布追悼会开始，奏哀乐。

②主持人就位。

③全场肃立，向死者默哀，放哀乐，向逝者三鞠躬。

④由治丧委员会代表或亲友代表致悼词。

⑤来宾致哀词或发言或宣读某封唁电。

⑥死者亲属代表致答谢辞。

⑦众人绕遗体一周向死者告别。

⑧看望亲属，深表安慰。

⑨追悼会在哀乐中结束。

（4）挽联。这是哀悼死者、治丧祭祀时专用的对联，一般要挂于追悼会场两侧。

挽联除了要求字数相等、节奏相同、对仗工整、平仄协调等对联的规则之外，最突出的特点是“情动于衷而形于言”。其内容之充实，感情之深沉，文辞之恳切，诗韵之浓郁，都在其他类型的对联之上。

挽联应根据死者的相应身份来撰写。一般的挽联大都是评价死者的业绩，颂扬死者的精神和情操，言简意赅，一语千钧，使人看了油然而生敬佩之情，哀痛之泪潸然而下。

2. 到死者家中抚慰死者亲属

这种方式一般用于因故没能参加追悼会的致哀者。前往死者家中慰问时，要说明没有参加追悼会的原因，在死者遗像前肃立默哀表示悼念，并劝慰死者亲属节哀顺变，说些“请节哀”“请保重”之类安慰的话语。整个过程要像实地参加追悼会一样，感情态度要真挚诚恳，言谈举止应端庄沉静，衣着服饰朴素肃穆，从而让亲友感受到你的真情实意，得到精神上的慰藉。切忌三五成群，谈笑风生，或浓妆艳抹，披红挂绿。

九 时尚礼仪

贺卡礼仪

现代的贺卡形式上近于旧时的柬帖，但已经发展成为一个独立的门类。这种贺卡一方面有贺信的作用，又使用方便，外观精美，深受人们欢迎，成为现代社交礼仪中不可或缺的媒介。

贺卡的形式

时下的贺卡，多是双面折叠式的，贺卡通行的多为32开的，大小的差别也基本以此为轴增减。此外也有较小的贺卡，但更多的则是更大幅面的贺卡，诸如16开贺卡、8开贺卡、4开贺卡。

贺卡也有横式、竖式之分，但较常见的贺卡是竖式的。中国贺卡无论竖式还是横式，文字大多是横排的，除非与图案一并设计的需要。封面是贺卡的门面，大多设计精美，且文字多用烫金等手段，以显精美华贵。不过，贺卡一般不印“贺卡”字样，也不印“圣诞卡”“情人节”等字样，而是写“圣诞快乐”“新年快乐”等字样以标示种类。相对于封面不说，内面比较素洁，尽管也都彩印，多为加网印制，色彩素雅而非大红大紫。内面一般也印有文字，一般是因种类不同而选择的祝贺文字、情语心语；同时留有一定的空间，供寄贺卡的人写上自己的亲笔祝词。封底的情形有两种，一是和封面相连，彩色印制，一是素色（白色），在恰当的地方印上印制厂家的名称、徽号。

不同的贺卡，开式上也有一些区别。比如，不同情形所用的贺卡，色调上就有区别；生日卡有装有电子装置，可以放出音乐的；适用于孩子或年青人的贺卡，有做成镂空立体的。

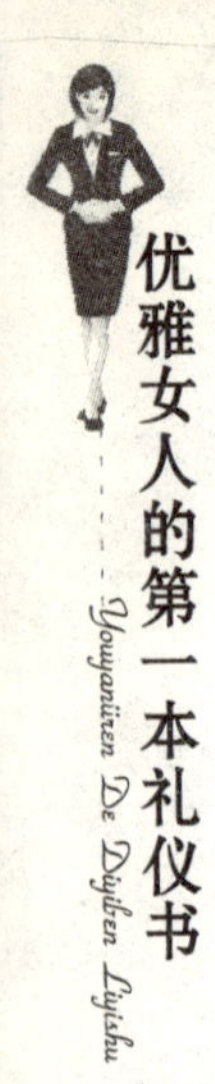

贺卡的种类

贺卡的种类很多，主要有生日卡、圣诞卡、新年卡、情人卡等。

生日贺卡是祝贺生日用的贺卡，是一种使用量不大却非常重要的贺卡。每当亲朋好友生日，寄一张生日贺卡去，对维系亲情、友情都是有好处的。就市场上流行的贺卡来说，生日贺卡的种类、档次最多，也正说明了它的重要。最普通的生日贺卡和其他贺卡一样，并无二致。音乐贺卡中，以生日贺卡为多，这是生日贺卡突出的一个方面。这种音乐卡一经打开，就放出优美的生日祝福音乐，有的还有与整体图案谐调而设计的彩灯(发光二极管)，可谓形色辉映，声情并茂。

周年纪念贺卡与生日贺卡异曲同工。这里的周年，有订婚、结婚的周年，毕业、获得学位的周年，以及其他所有值得纪念的日子的周年，就某种角度而言，这些纪念往往有比生日更重要的意义。其中最突出的是结婚纪念日，这对于夫妻及其家庭都是个重要的节日，那些逢整数的日子更是如此。这种情形下的贺卡也比较特别。

最多见的贺卡是新年贺卡和圣诞卡。新年贺卡几乎是全世界都使用的贺卡。

名片礼仪

名片是使用者要求社会认同、获得社会理解与尊重的一种方式。名片上一般印有公司名称、头衔、联络电话、地址等，有的还印有个人的照片。通过递送名片可以使对方认识你、与你联系。所以，有人把它称作另一种形式的身份证。

正是名片自身的重要价值，公关人员在递送、接收、保管名片的时候就应格外重视其礼仪效应，不可随随便便。具体来说应注意以下几点：

（1）随身携带的名片应使用较精致的名片夹，在着西装时，名片夹只能放在左胸内侧的口袋里。左胸是心脏的所在地，将名片放在靠近心脏的地方，其涵义无疑是对对方的一种礼貌和尊重，不穿西装时，名片夹可放于自己随身携带的小手提包里。将名片放置于其他口袋、甚至后侧裤袋里，是一种很失礼貌的行为。由于公关人员在一次公关活动中需要接受的名片很多，因此，最好将对方的名片夹在一起，将自己的名片夹在一起，否则，一旦慌乱中误将他人的名片当作自己的名片送给对方，会是非常糟糕的。

（2）向对方递送名片时，应面带微笑，注视对方，将名片正对着对方。用双手的拇指和食指分别持握名片上端的两角送给对方，如果是坐着的，应当起立或欠身递送，递送时可以说一些："这是我的名片，请笑纳"，"我的名片，请你收下"之类的客气话。日本人喜欢右手送自己名片，左手接对方的名片。

（3）接受他人递过来的名片时，除女性外，应尽快起身或欠身，面带微笑，用双手的拇指和食指接住名片的下方两角，并视情况说"谢谢"，"能得到您的名片，真是十分荣幸"等。名片接到手后，应十分珍惜，切不可在手中摆弄，应认真看一下，千万不要随意放在桌上，或随便拎在手上，或者放在手中搓来揉去。如果是初次见面，最好是将名片上的内容读出声来，读名片时一定要注意语音轻重，有抑扬顿挫感。需要重读的主要是对方的职务、官衔、职称等。如果对方的组织名气大或个人的知名度高，也可只重读组织名称或对方姓名。

（4）名片的递送先后没有太严格的礼仪讲究。但是，一般是地位低的人先向地位高的人递名片，男性先向女性递名片。当对方不止一人时，应先将名片给职务较高或年龄较大者；如分不清职务高低和年龄大小时，则可先和自己对面左侧方的人交换名片。

名片代表一个人的身份，在未确定对方的来历之前，不要轻易递出名片，否则，不仅有失庄重，而且可能日后被冒用。同样，为了尊重对方的

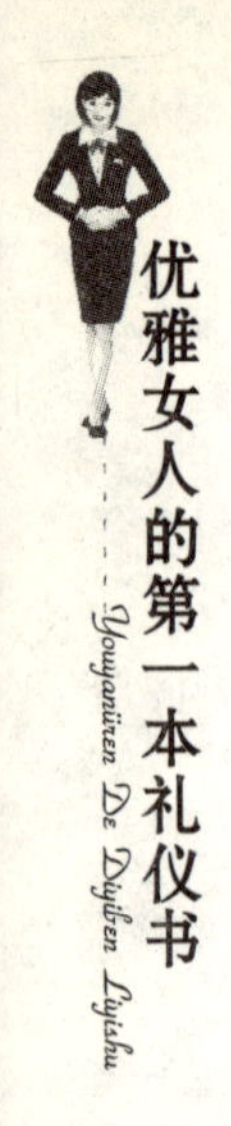

意愿，尽量不要向他人索要名片。

（5）当对方递给你名片之后，如果自己没有名片或没带名片，应当首先向对方表示歉意，再如实说明理由，如：“很抱歉，我没有名片”，“对不起，今天我带的名片用完了，过几天我会亲自寄一张给您的”。

电话礼仪

电话是现代社会组织对外展现自己形象的窗口，在社会组织赢得公众美誉方面发挥着独到的作用。

电话礼仪是打电话与接听电话直到挂断电话时要遵循的一些符合礼节的规范，那么，打电话前的准备和如何打电话、怎样接电话才符合一定的礼仪规范呢？

注意电话形象

电话交谈与面对面交谈相比，其最大特点是互相不能见面，人们只能通过声音去了解谈话人的内容、意图等的同时，由声音去推测、猜想说话人的情绪、表情及心境。

由于电话这一传媒的广泛发展，许多人只能通过电话“见面”，这就导致了电话上是常打交道的老朋友，两人相见却互不相识的情况。正是因为这种情况，我们在使用电话时，必须重视自己的“电话形象”。

接听电话时还应报出自己的姓名，这样做，一是可以用节省对方的时间表达对对方的尊重，二是让对方明白是否拨对了电话及所要找的人。在国外一些公司里，老板对员工要求十分严格，如果发现有人在铃声响过三次后还不接话，就“炒他们的鱿鱼”。

假如的确因为有十分紧要的事情脱不开身，或一时没在电话机旁，没能及时接话，则一定要客气地向对方说明理由，请对方谅解。

掌握电话语言

当电话拨通后，应首先说："你好！"然后迅速通报自己的单位，必要时还应该报上自己的姓名。如对方没主动告诉他的单位、姓名，接下来该客气地问："请问您是××单位吗？"如果自己拨错了号码，应礼貌地道歉："对不起，我拨错号了！"绝不能说："真见鬼了，怎么把号拨错了！"之类的无礼话。

注意电话形象，不仅是表现自己风度、自我修养的需要，也是塑造所代表的社会组织的良好形象的需要。例如：我们很难从一个打电话时啰里啰嗦，满嘴粗话的听觉形象中去相信他所在的公司是一个有良好风范和实力强大的公司。与此相反，如果我们听到的是一个说话严谨、谈吐不俗、充满礼貌和热情的电话形象，我们恐怕也很难怀疑对方所在组织的素质和实力。也许正是因为如此，日本的松下电器商学院非常注重训练学员打电话、接电话。例如，学院规定，打电话时必须正襟危坐、聚精会神，不许吃东西，不许吸烟；听到电话铃响，立即去接。要声音清晰，态度和蔼地表明自己公司的名称和所属部、课，并准确地记下电话内容，交由主管人处理，打电话时，内容力求简明扼要；接通电话时，马上报出公司名称和所属部、课及自己的姓名；在作简单的问候后，把要求和希望简要告诉对方，说话时，语言要委婉诚恳等。

及时通电话

当自己拨打的电话一旦打通的时候，应立即通报所要找的人名，如"麻烦你给我找一下××先生听电话，好吗？"当对方答应找人以后，应手持话筒静候，不要在此时做别的事情或与人聊天。如对方说你要找的人不

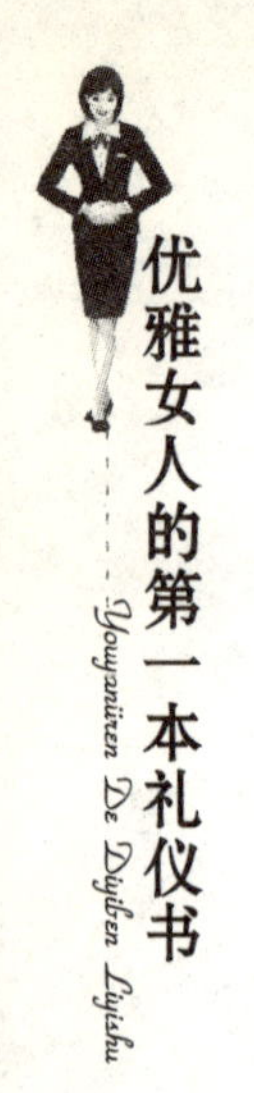

在，切不可毫无回音地就将电话挂断，而应该说："谢谢，打扰了！"或者说："谢谢，我过一会儿再打来。"如果对方告诉你所要找的人一时半会回不来，则可视情况说："如果可以的话，能不能麻烦您转告他……"或者"如果方便的话，麻烦您转告他回来之后给××××××××号码来个电话，好吗?"之类的话，如果对方答应了你的请求，应当在表示感谢后轻轻放下话筒。

如果正好是要找的人接电话，则应在简短问候之后，简明扼要地、符合礼仪规范地将你所要讲的事情告诉对方。例如，"××先生，你好！我受本公司××总经理之托，邀请您偕尊夫人于×月×日晚×时在××酒楼举行酒会，如您二位能赏光，我们将十分荣幸。"像这样的邀请既简单明了，又礼貌得体。假如不是这样，而是在邀请之前先问一通"×月×日晚你有没有安排？准备在哪里吃饭？我们要是请你出席一个有好酒好菜的酒会你来不来？你夫人方不方便?"等等之类的无聊问话，就显得既啰嗦又庸俗了。

如果所谈内容较多较重要，应提醒对方作好记录，你所讲的重要问题应主动重复一下，以引起对方重视。

遵守接听礼仪

坐办公室的人经常会遇到帮人接电话的情况。遇到这种情况，一定要热忱，以维护和塑造所在单位的良好服务声誉。称职的公关人员、办公室秘书应恰当地处理、圆满答复外界打来的每一个电话。

在明白对方要找谁之后，如果这个人离电话不远，可这样说："请稍候，我去请他来听电话。"

如果对方要找的人虽然在，但离电话较远，则应礼貌地向对方解释，并为对方提出合理的建议，如："××在，可离这里较远，我去请他，请几分钟后再打来，好吗?"或"她刚走，估计五分钟内能回来，你过一会儿再来个电话，好吗?”等等，因为在这种情况下，如果让对方拿着电话守候，就会给对方造成浪费；如果简单地告诉对方人不在，又可能延误人家的大事情。

如对方要找的人不在，也应向对方解释一下，最好也能给对方一些礼貌的建议，如：“他出门去了，估计明天回来，你明天再打电话来，好吗?”或：“对不起，他上街去了，今天上午不会回来，能让我转告你找他的原因吗?”等。

如果电话是打给上司的，接话人员可以根据实际情况决定是否让对方与上司通话。比如，对方是一个陌生人，或者你不知道对方与上司是什么关系，最好不要随意说出上司是否在办公室，以免让一些无关紧要或你自己可以代上司回答的问题分散上司的注意力，浪费上司的时间。

如果对方没有主动报明姓名或与受话人的关系、所要讲的事情等，一般不要主动打听。有人喜欢无休止地追问对方，比如：“你是谁?”“你和××是什么关系，你找他到底有什么事?”等，这种刺探他人隐私的行为，是很不文明、很不礼貌的，即使纯粹出于好奇，也是应当避免的。

作好电话记录

在办公室里工作的人，每天通常要接很多个电话，还要处理很多其他的事情，不可能凡事过耳不忘。因此，要随时准备好专用的电话记录簿，养成记录电话的良好习惯。

无论帮人接电话，还是对方给自己讲一些重要事情，都应当作好记录，以免误事。

由于公务电话常常谈的是一些重要通知、重要情报、重要信息等，需要及时处理，及时决策，及时采取措施，一旦因接话人没有记录而遗忘，就可能为国家、集体和个人造成难以估量的损失。因此，接话人应集中精力、认真对待。

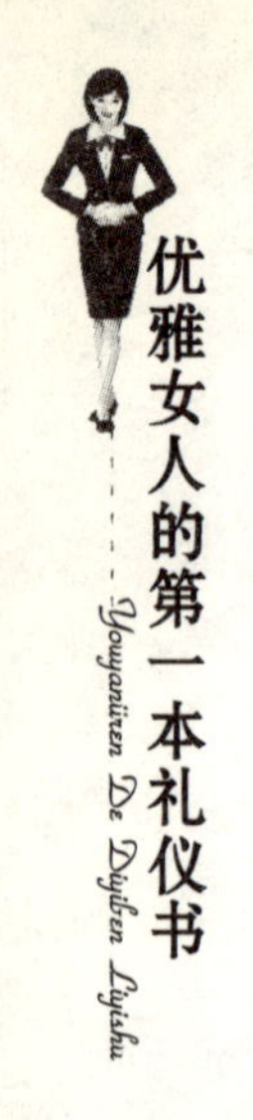

接记电话时，应尽量避免打断对方的讲话，但为了有效地呼应，表示你在专心聆听，你应随时用“嗯”“好”“是的”“对”“知道了”这类短句作答，如没听懂对方的某句话，可请求对方重复一下。要善于从听筒里辨别对方的心态，是欢乐还是忧愁，是欣喜还是不满，是憎恨还是同情，然后采取适当的情感应答和事后处理。

记录完毕后，应将主要内容向对方复述一遍，使之准确无误。通常，办公室电话记录还应包括来电人姓名、单位、电话号码，来电时间等内容。

使用手机的礼仪

现代社会，手机的通话率已超过了家庭和办公室里的固定电话，因此，打手机应遵守的礼仪事项便成了我们要培养的素质。具体地讲，应注意以下要点：

1. 只使用勿摆弄

使用手机，自然主要是为了方便个人信息的畅通无阻。因此，在人际交往中使用手机，只是使用，力戒摆弄。不论自己所使用的手机多么先进，多么昂贵，它也只是工具而已，而不是抬高个人身价的“装饰品”。因此，不要在人前刻意摆弄。

2. 利己又利人

使用手机当然是为了方便自己，但它和方便别人并不矛盾，二者应该并重。具体来说，应当注意：

既然使用了就不要无故停机，致使他人与你失去联络。

当他人打来电话时，不要总出现“你所拨打的手机已关机”的情况。因错码、掉线、无电等原因，或必须暂停通话时，应及时说明，并向联络对象道歉。

改换了手机号码后，应尽早告知自己主要的交往对象，包括一些老客户，以保证彼此联络的顺畅。

3. 遵守公共道德

使用手机不要影响别人。要注意的有以下几种情况：

避免在公共场合，尤其是楼梯、电梯、路口、人行道等人群密集处，旁若无人地使用手机，这于己于人都有失检点。

避免在要求“保持安静”的公共场所，如医院、影剧院、音乐厅及图书馆等，大张旗鼓地接打手机。

避免在上班期间，尤其是办公室、车间里，因个人私事使用手机。

避免在聚会期间，例如开会、会见、上课之时，使用手机。

此外，禁止在标明禁止使用手机处使用手机。

4. 置放到位

手机闲置时能把它放在一个合适的位置上也可显示出一个人懂礼仪。

常规置放手机的位置主要是随身携带的公文包内，或放到自己的衣服口袋里。

暂时放手机的位置主要有：当在参加会议时，为了既不误事又不妨碍他人，可将其暂交给秘书和会务人员代管。在与人坐在一起交谈时，可将其暂放于不起眼之处，如手边、身旁、背后等，也可以放在你认为、别人也认为方便的地方。

送花礼仪

鲜花最美、最艳、最香，它可以用来装点居室，可以用于赠送亲友。见到鲜花，每个人都会为之一爽。但你用鲜花作为礼品赠送时，也要送的到位，送的符合常礼，这种举动才会与鲜花的品质相统一。

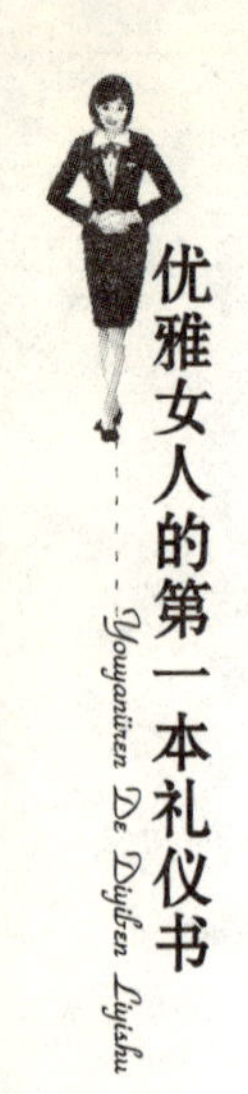

选择适中

花的形式多种多样，比如有鲜花、束花、盆花、插花等。选送什么样式的花最合适也是一种礼仪。

1. 束花

束花，又叫作花束。它是以新鲜的数枝切花，捆扎成束，精心修剪或包装而成的一种鲜花组合。适用面最广，应用最多。

2. 篮花

篮花，又叫花篮。它是以形状各异的精编草篮，按一定的要求，盛放一定数量花大色艳的新鲜切花。赠送篮花显得隆重、高档。其最适宜的场合，有开业、展出、演出、祝寿等。

3. 盆花

盆花，即栽种在专门的花盆里，主要用作观赏的花草。送人的盆花，可以是自养的心爱之物，也可以是特意买来的珍稀品种等。

4. 插花

插花，指的是采用一定的技巧，将各种供观赏的鲜花在精心修剪之后，经过认真搭配，然后插放在花瓶、花篮、花插之中。将插花放置于室内案头，可使花香弥漫，花色宜人。

5. 饰花

在日常生活里，往往可以用单枝的鲜花进行装饰，这就是饰花。最常见的饰花有襟花、头花。襟花可以用于各类社交场合，而头花则仅限于非正式场合使用。除亲朋好友外，饰花一般不宜送人。

6. 花环

花环，此处所指的是用新鲜的切花编扎而成的环状物，可以手持，也可以佩戴于脖颈、头顶或手腕上。它多用于自我装饰、表演舞蹈、迎送贵宾。

将鲜花送到受礼人的手上，有三种形式：本人亲送、亲友传送和雇人代送。本人亲送，是送花的基本形式。送花人可以现场说明送花的缘由与其含意，使受花人明白一片心意。

亲友转送鲜花，一般是赠送者本人因故不能亲送而托亲友转送。

雇人代送，即按有关标准支付费用，委托鲜花店的“花仙子”或邮政局的“礼仪小姐”，代替自己给受礼人送花。这种形式，正越来越受欢迎。

送的适宜

要想送花送得恰到好处，效果颇佳，必须选择送花的时机。

1. 道喜时

向人道喜时，送花是个很不错的选择，碰上亲朋好友结婚、生子、作寿、乔迁、升学、晋职、出国等喜事，可以赠送鲜花，作为喜礼恭喜对方。

2. 过年过节

某些节日传统上应该送花，如母亲节、情人节、老人节、妇女节、生日或结婚纪念日等。

3. 慰问时

当亲友、邻里、同事、同学、同乡或其家人碰到不幸、挫折时，例如失学、失业、失恋，或是遇到其他一些天灾人祸时，应前去慰问，并赠以鲜花。不过计划给病人送花时，若发现病房内花已太多，可以等病人出院回家后再把花送到他家里。

4. 作客时

前往他人居所作客时，以鲜花为礼，既脱俗，又不至于让对方为难。送花也是向宴会主办人致谢的好办法，不过最好当天早上把花送到，以便让主人布置会场，不然就第二天再送，以致谢意。

5. 迎送时

当关系密切者即将远行，或者远道归来之际，向其赠送一束鲜花，可以向对方委婉地表达自己的亲情、友情、爱情。

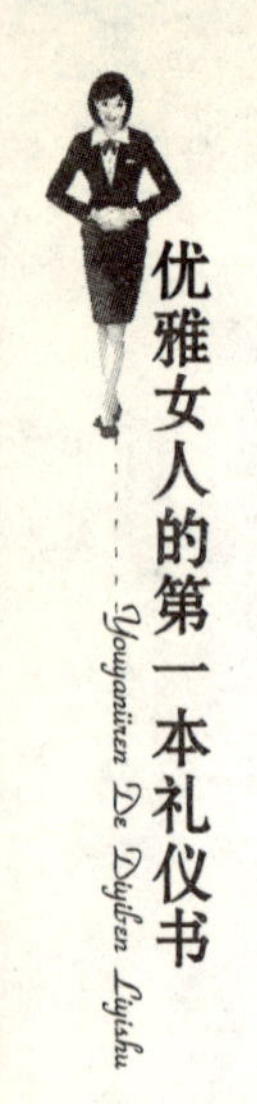

6. 示爱

向意中人吐露心中的爱慕之意，可以以花为媒，向对方坦露心扉。

7. 道歉

冒犯别人后，不论有心或无意，可以送花致歉。此时还需附一张道歉卡。

受者满意

鲜花的寓意是指人们一般认为某种鲜花因品种、色彩、数目和搭配，而具有某种含意。如果不了解鲜花的寓意，那么送花时肯定会出差错，闹笑话。

1. 花语

古往今来，人们根据花卉的性格和艺术形象，创造了“花的语言”，花语是鲜花的通用寓意。花语一旦形成之后，便流传开来，须人人了解，个个遵守。不能自造也不能篡改花语。

（1）花语种种

白丁香——纯洁

水仙花——清纯、自尊

郁金香——幸福、博爱

紫罗兰——青春永驻

柏树——永葆青春

含羞草——知廉耻

银杏——古老文明

紫荆——兄弟和睦

红豆——相思

玫瑰——爱情

勿忘我——永恒的爱

杨柳——依依不舍

并蒂莲——夫妻恩爱

百合——百年好合

马蹄莲——永结同心

文竹——永恒

菊花、竹、兰花——高洁

山茶——质朴

蔷薇花——美德

牡丹——华贵

向日葵——仰慕

腊梅——坚贞不屈

木棉花——英雄之花

黄月季、棕榈——胜利

葡萄——宽容、博爱

桂花——友好、吉祥

铁树——庄严

金橘——招财进宝

茉莉——和蔼可亲

红枫——热忱

石榴——子孙满堂

富贵竹——吉祥、富贵

万年青——友谊长存

朵数

1 朵花——你是我的惟一

2 朵花——你浓我浓

3 朵花——我爱你

6 朵花——顺利

9 朵花——坚定的爱

10 朵花——十全十美

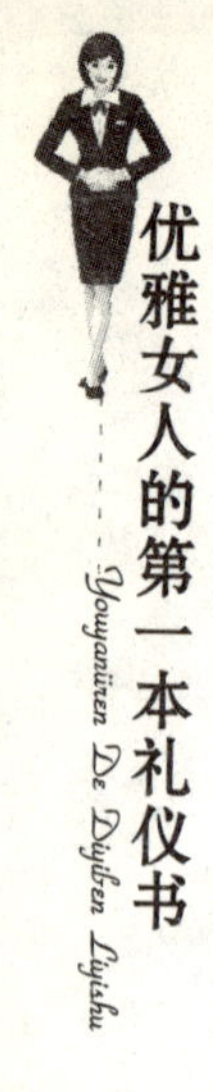

11 朵花——一心一意

12 朵花——心心相印

13 朵花——暗恋

17 朵花——好聚好散

20 朵花——此情不渝

21 朵花——最爱

24 朵花——热恋

33 朵花——爱你三生三世

36 朵花——我心属于你

57 朵花——吾爱吾妻

66 朵花——真心不变

88 朵花——用心弥补

99 朵花——长相厮守

100 朵花——百年好合

101 朵花——惟一的爱

108 朵花——求婚

111 朵花——无尽的爱

365 朵花——天天想你

999 朵花——天长地久

1001 朵花——直到永远

（2）表示情感的花语

鲜花无数，花语也因此成千上万。在上述的花语之中，有相当数量的一部分，是用来表达感情的。

例如，玫瑰表示爱情，丁香表示初恋，柠檬表示挚爱，橄榄表示和平，桂花表示光荣，白桑表示智慧，水仙表示尊敬，百合表示纯洁，茶花表示美好，紫藤表示欢迎，杏花表示疑惑，垂柳表示悲哀，石竹表示拒绝等。

有时，还可以将几种花语相近的鲜花搭配在一起送人。那些搭配、组合相对比较固定的鲜花，往往又共同形成了新的花语。

比如，用表示勤勉的红丁香、表示谨慎的鸟不宿和表示战胜困难的菟丝子组合而成的花束赠予友人，可表示："君如奋斗，必将成功！"

（3）表示国家的鲜花

世界上主要国家的国花有：

美国：玫瑰。日本：樱花。德国：矢车菊。法国：鸢尾花、玫瑰。英国：玫瑰。意大利：紫罗兰。加拿大：枫叶。澳大利亚：合金欢。瑞士：火绒草。荷兰：郁金香。瑞典：白菊、睡莲。丹麦：冬青。波兰：三色堇。南斯拉夫：铃兰。希腊：油橄榄。西班牙：石榴花。泰国：睡莲。新加坡：万代兰。印度：荷花。巴基斯坦：素馨花。菲律宾：茉莉花。马来西亚：扶桑。缅甸：东亚兰。尼泊尔：杜鹃花。巴西：毛蟹爪兰。阿根廷：赛波花。

（4）表示城市的鲜花

世界上许多城市都有自己的市花，即用来作为本市象征的某种鲜花。市花一般是全市人民最喜爱并且由全市人民公开选定的，它易于在本市生长，具有本城市的特色，在城市与城市的交往中被广泛使用。对于市花，不能轻视或随意损坏。

我国的许多城市都有自己的市花。例如，北京市的市花是月季和菊花，上海市的市花是白玉兰，天津市的市花是月季，深圳市的市花是杜鹃。香港和澳门则以紫荆花和荷花为市花。

2. 鲜花的民俗寓意

鲜花的民俗寓意，主要体现在鲜花的品种、色彩和数量上。

（1）品种

同一品种的鲜花，在不同的风俗习惯中，涵义大不相同。在跨地区、跨国家的人际交往中，如以鲜花赠人，必须了解禁忌，否则，经常会犯忌。

我国喜爱黄菊，但千万不要送给西方人，因为在西方，黄菊代表死亡，仅供丧葬时用。中国人喜欢荷花，可是在日本，它也代表死亡。

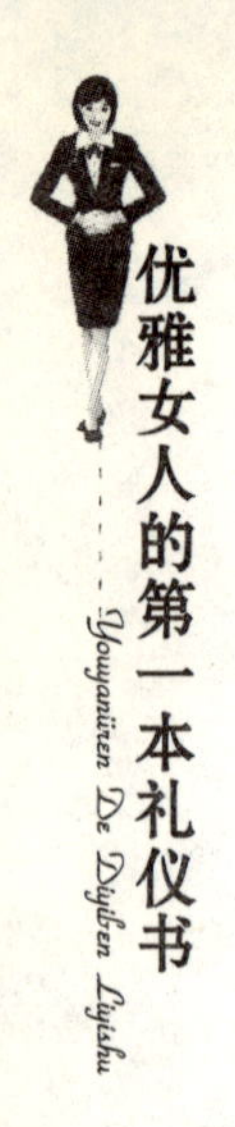

在我国的广东、海南、港澳地区，送人金橘、桃花，会令对方笑逐颜开。而以梅花、茉莉、牡丹花送人，则必定会招人反感。原来，在那里人们爱“讨口彩”。金橘有“吉”，桃花“红火”，所以让人来者不拒。而梅花、茉莉、牡丹则音同“霉”、“没利”、“失业”，故而令人避之不及。

（2）颜色

在不同的地区和国家，对于鲜花的色彩也有不同的理解。

比如，我们喜欢象征大吉大利、兴旺发达的红花，在新人成婚时，也以红色鲜花相赠。但在西方人眼中，白色鲜花象征纯洁无瑕，将它送给新人，才是合适。如果要给中国新人送白色鲜花，那被认为大不吉利。

十 涉外国际礼仪

涉外基本礼仪

尽管涉外礼仪复杂纷繁，但若对其基本礼仪能认真遵守，则可在涉外交往中表现得得心应手，举止有度。

时间礼仪

在跨国家、跨地区的人际交往中，取信于人，既是自我表现的一大目标，也是奠定交往对象彼此之间的良好关系的基石。信守时间，遵守约会，就是用以取信于人的一项基本礼仪。

要遵守信守时间的礼仪，重要的是要做好以下几点：一是在有关时间的问题上，不可以出尔反尔、含含糊糊、模棱两可。二是与他人交往的时间一旦约定，就应毫不含糊的予以遵守，而不宜随便加以变动或取消。三是对于双方之间约会的时间，惟有“正点”到场方最为得体。早到与晚到，同样都是不正确的做法。四是在约会之中，不允许早退。五是万一失约，务必要向约会对象尽早通报，解释缘由，并为此而向对方致歉。

公德礼仪

在公共场合中，应遵守“不妨碍他人”的社会公德。

不妨碍他人的基本涵义，是要求人们在公用的处所里进行活动时，务必要讲究公德，善解人意，好自为之，切勿因为自己的言行举止不够检点，而影响或妨碍了当时在场的其他人士，或是因此而使当时在场的其他人士感到别扭、不安或不快。

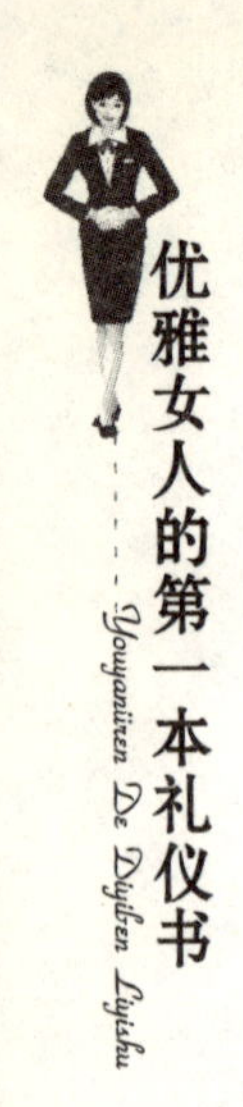

女士优先

在社交活动中，应遵守“女士优先”的原则。

女士优先的原则的本意，是要求每一位成年男子，在社交场合里，都要尽自己的一切可能来尊重妇女、体谅妇女、帮助妇女、照顾妇女、保护妇女，并且随时随地地义不容辞地主动挺身而出，替妇女排忧解难。

不得干涉

在相互关系中，要遵守“不得干涉”的礼仪。

不得干涉的意思，是要求在同外国友人打交道的过程中，只要对方的所作所为不危及其生命安全，不违伦理道德，不触犯法律，不损害我方的国格人格，在原则上都可以对之悉听尊便，而不必予以干涉和纠正。遵守不得干涉的礼仪，是对对方尊重的一个重要的体现。

隐私礼仪

在言谈话语中，应遵守“维护个人隐私”的礼仪。

在国外，人们是普遍讲究崇尚个性、尊重个性的。其一的基本做法，就是主张个人隐私不容干涉。个人隐私，泛指一个人不想告之于人或不愿对外公开的个人情况。在许多国家里，它受到法律的保护。因此，在跟外国友人打交道时，千万不要没话找话，信口打探对方的个人情况。尤其是当发现对方不愿回答时，就应当适可而止。

位置礼仪

在位置排列中，应遵守“以右为尊”的礼仪。

所谓以右为尊，意即在涉外交往中，一旦涉及到位置的排列，原则上都讲究右尊左卑，右高左低。也就是说，右侧的位置在礼仪上总要比左侧的位置尊贵。这一国际上所通行的做法，与国内传统的“以左为上”的做法正好相反。

惟独在佩戴勋章时，才有一个例外：勋章通常应被佩戴于左侧的衣襟上。

关于前后的位置排列，情况要复杂一些。不过大体上来说，基本上是讲究以前为尊的。即前尊后卑，前贵后贱，前高后低，前排的位置要较后排的位置尊贵。

宴请的形式

涉外宴请指国际交往中出于某种需要设宴招待客人的礼仪活动，它是最常见的交际形式之一。

国际上通行的宴请形式有宴会、招待会、茶会、工作餐等。下面分别介绍一下几种宴请礼仪。

宴会

宴会指在正餐时间举行的宴请活动，必须坐下进食，由服务人员依次上菜。它大体分为国宴、正式宴会和便宴三种。按举行的时间，又有早宴、午宴和晚宴之分。一般来讲，晚宴比白天的宴请较为隆重和正式。

（1）国宴，是国家元首或政府首脑为国家的庆典，或为外国元首、政府首脑来访而举行的正式宴会，规格最高。宴会厅内悬挂国旗，安排乐队演奏国歌及席间乐（一般为两国民族乐曲）。席间要致祝辞或祝酒辞。

（2）正式宴会，与国宴的安排大体相同，只是不挂国旗，不奏国歌以及出席规格有所不同。有时也安排乐队奏席间乐。宾主均按身份排位就座。对餐具、酒水、菜肴、陈设以及服务员的装束、仪态的要求都很严格。通常菜肴包括冷盆、汤和几道热菜（中餐一般用四五道，西餐多用二三道），最后上点心、甜食和水果。国外宴会餐前还要上开胃酒。常用的开胃酒有：雪梨酒、白葡萄酒、马提尼酒、金酒加汽水（冰块）、苏格兰威士忌加冰水（苏打水），另外也上啤酒、果汁、矿泉水等饮料。席间佐餐用酒，一般多用红、白葡萄酒，很少用烈性酒，尤其是白酒。餐后在休息室上一小杯烈性酒，通常为白兰地。

我国在这方面做法简单，餐前一般在会客室稍作叙谈，通常只上茶和饮料，也可直接入席。席间一般用两种酒，一种甜酒，一种烈性酒。餐后不再回会客室，也不用上餐后酒。

（3）便宴，指非正式宴会。常见的有午宴和晚宴，也有共进早餐的。这类宴会形式简便，可以不排座次，不作正式讲话，菜肴道数也较少。西方人的午宴有时不上汤，不上烈性酒。便宴较亲切、自然，宜用于日常交往。

（4）家宴，指在家中设便宴招待客人。西方人喜欢采用这种形式，以示亲切友好。家宴往往由主妇亲自下厨烹调，家人共同招待。

招待会

招待会是不备正餐较为灵活的宴请方式，备有食物、酒水，通常不排座次，可以自由走动。

（1）冷餐会，这种宴请的特点是不排座次，菜肴以冷食为主，也可以用热菜，连同餐具陈设在菜台上，供客人自取。客人可自由活动，可以多次取食。酒水陈放在桌上，也可由服务员端送。冷餐会可在室内或院子里举行，设小桌椅，自由入座，也可以站立进餐。根据主、宾双方身份，招待会规格可高可低，举办时间一般在中午 12 时至下午 2 时、下午 5 时至 7 时左右。这种形式一般用于官方正式活动，便于招待人数众多的宾客。

（2）酒会，又称鸡尾酒会，这种形式较活泼，便于广泛接触交谈。仅备酒水和小吃，不设座椅，仅置小桌。酒会往往在中午、下午、晚上举行。客人可在其间任何时候到达和退席，来去自由。

鸡尾酒是多种酒配合成的混合饮料。酒会上不一定都用鸡尾酒，但用的酒类品种较多，并配以各种果汁，一般不用烈性酒。食品多为三明治、面包、小香肠、炸春卷等各种小吃，以牙签取食。饮料和食品由服务员用托盘端送，或部分放置在桌上。

随着各国礼宾活动日趋简化，现在国际上举办大型活动往往采用酒会形式。庆祝节日、欢迎仪式，以及各种庆典、文艺、体育演出前后往往举行酒会。

茶会

茶会就是指请客人品茶，是一种简便的招待形式。举行的时间一般在下午 4 时左右（亦有上午 10 时的）。茶会通常设在客厅，厅内设茶几、座椅，不排座位。如是为某贵宾举行的活动，入席时，应有意识地将主宾同主人安排坐在一起，其他人随意就座。茶会对茶叶、茶具的选择比较讲究，应具有地方特色，如一般用陶瓷器皿和地方名茶。外国一般用红茶，略备点心和风味小吃。也有不用茶而用咖啡者，其组织安排与茶会相同。

付小费的礼仪

旅居国外，常常是寸步离不开小费。在饭店，要付给直接为你服务的侍者小费；在旅馆，要给为你打扫房间的清洁工、为你送早点的服务员小费；乘坐出租汽车，要付司机小费；给汽车加油，需给帮你加油、擦挡风玻璃的工人小费；在机场、车站，要付给帮你提送行李的搬运工小费；甚至在影剧院，当你接受了服务员递上的节目单时，也不要忽视了付小费。

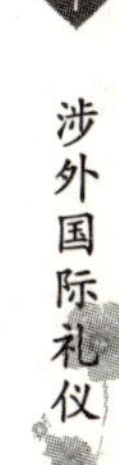

小费付多少并非悉随己便，世界各国要么有明文规定，要么有不成文的“默契”。初来乍到，最好先向当地人了解清楚。你如果在美国住高级旅馆，按习惯每天要给清洁工 2 美元小费。可在欧洲，即使住头等旅馆，每天给 50 美分就足够了。

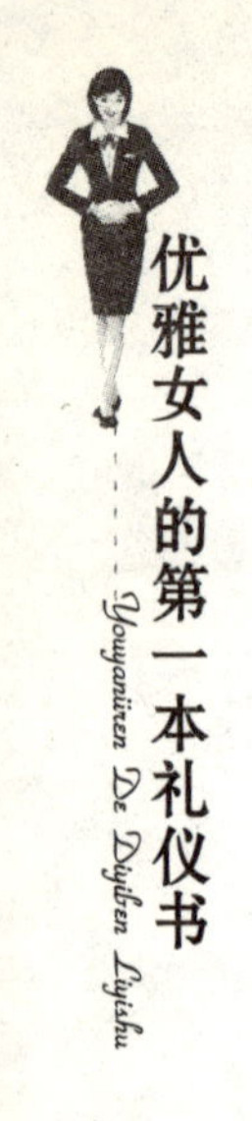

一般来讲，小费占纯花费总额的10%～15%左右。例如你乘坐出租汽车的旅程费是20美元，那么付给司机的小费就该是2至3美元。但也有例外，比利时的法律就把这个比例规定为20%。小费的最小数额一般为25美分。譬如前面提到的，对为你擦挡风玻璃的工人、发送给你节目单的服务员，就可给这个数。机场、车站搬运工常常也是搬运一件行李收25美分小费。

小费的支付方式也很有讲究。除吃饭、住宿明明白白交付账单上开列的服务费外，在很多场合，小费是私下进行的。你可在付款时只将找回的整款收下，零钱算作小费；或者用餐后将小费压在茶盘、酒杯下，服务员清理餐具时自会收下；也可在向为你服务的人表示感谢时，直接把钱塞在对方手里。

小费不可不付，也不可乱付。你若在日本饭店用餐，只需在刚进门时给女招待少量小费。若不加区别地付给其他服务人员，不仅会遭到对方拒绝，而且还会令其生厌。在新加坡，小费被禁止，如客人仍坚持要付，则被认为是表示服务不周。在任何国家，对于代表官方的接待人员都不要付小费，若要表达谢意，可酌情送些纪念品。

饭店付小费的礼仪

饭店的小费标准一般是账单的15%。如果服务特别好，还可以略高一些。

如果举行十人、二十人或更大规模的宴会，账单的15%的小费足以在参加服务的男女服务员之间分摊。如果领班服务员为你单独安排了雅座，当面为你烹调了一个特菜，或向你提供了特别服务，应该给他5美元（或者更多）的小费。反之，无论宴会的规模是大还是小，如果领班服务员除去为你引座和递菜谱之外未做什么事，就不必单给小费。你经常光顾的饭店的领班服务员应当不时地得到5美元到10美元的小费。

男女服务员的小费应当放在盛账单的小盘子里，领班服务员的小费应该在你离开饭店时交给他。

如果服务很差，既粗暴而又心不在焉，可以少给小费。如果你十分气愤，则应根本不给。

关于服务员助手的小费：顾客一般不付给服务员助手小费。比较大的饭店才有能力雇佣服务员助手，这些饭店的小费都是均分的，因而服务员助手也能分到一定的比例。如果小费不是均分的，则由服务员从自己获得的小费中分给他们一部分。在咖啡馆，端咖啡的服务员助手可以拿到25美分到50美分的小费。

接受斟酒服务员的服务应当付酒账的15%的小费。当他看到你准备离开时，他会上前等着你给小费。就餐之前，如果你在酒吧饮酒，应当给酒吧服务员酒账的15%的小费，并在他交账单或者在你离开酒吧之前付给他。

即使在衣帽间存衣服要收费，服务人员还是应当得到小费。如果存放大衣为75美分，那么小费应为25美分。如果不收存衣费，那么存几件大衣时应每件给50美分小费，单存一件大衣时，则应付1美元小费。存放包裹无需付额外小费，除非包裹很大，或者数量较多。

一般饭店的盥洗室服务人员的小费不能低于50美分，在高级饭店的盥洗室有时需付1美元小费。一般都在显著位置上放有一个盛硬币的盘子。如果服务人员为你递毛巾或提供其他服务，你应留下小费。如果服务人员只是坐在那里看着你，你不必给小费。

对边走动边弹唱的乐师一般不给小费，除非他演奏你点的曲子。届时应付的小费额一般为1美元。如果大型宴会几名参加者点节目，小费可以多至5美元。演奏你所点的曲子的钢琴师和风琴师也应得到1美元至2美元的小费。

如果停车场服务人员将车开到你面前，他应得到50美分的小费。在递交你的信用单上开列着饭费和税钱及二者的总额。下面还留有一个空白地方，由你填写小费数额。如果根据饭费的15%的比例付小费，这没有什么错，但是大多数人都根据饭费加税的总额计算小费，使小费略高于15%的比例。

有的饭店去填写信用公司账单之前，先把账单送给你。你可以将你准备付的小费数额加上去，然后签字。接着他们再将信用单送给你签字，上

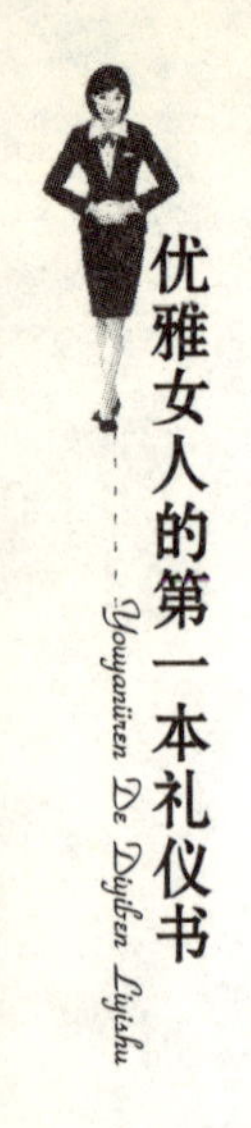

面已把饭费的总钱数及小费额全部填好。这样做是为了避免饭店和信用公司之间产生纠纷。

你也可以用现金付小费，而不加在账单上。许多人更喜欢这种做法，以便应拿到小费的人能较快地得到钱，无需再等信用公司与饭店结账，有些饭店和承办筵席的人在宴会后的账单上另加服务费（一般为15%）。这笔费用由男女服务员分领。宴请的人无需再另付小费，除非他因为对服务特别满意而有意识地这样做。在大型宴会之后，主人应当给负责筵席的人——比如领班服务员或总管事——另加小费，额数可以是10美元或者更多一些，视宴会规模和组织的精心程度而定。如果账单没有外加服务费，如果承办筵席的人派了一两名服务员或酒吧服务员为一次宴请服务，男主人或女主人应当在他们离开之前将小费付给本人。如果安排十个人的筵席，饭费可能达到150美元，每个服务员可以得到15美元左右，或者从总账的20%的数额中提取自己应得的一份。

旅行付小费的礼仪

毫无疑问，给小费是一种令人不快和令人鄙视的制度。但是，既然这种制度仍行之有效，想使自己的旅行顺利进行和愉快舒适的旅客，就要照付小费。

下面的小费要求适用于在旅馆（或提供服务的汽车旅客旅馆）住上不满一周的客人。永久或长时间住旅馆的人一般每月甚至每六个月总的付一次小费，而不是每接受一项服务时给一些零星小费。当然，小费的数额应根据服务的质量和数量而定。长期住旅馆的人应自己做出判断，在这方面，他们可以征求其他长期住旅馆的客人的意见，甚至也可以求助于旅馆的经理。

在大城市里，如果旅馆的应门人把你送到你的房间，每件手提包要付1美元的小费。如果手提包很重，还应多给一些。另外还应付50美分的开房门费。在小城市里，每件手提包可付50美分，开房门费付50美分至1美元。如果你带着皮箱旅行，每只皮箱应付服务人员1美元小费。

在一级旅馆餐厅就餐的小费一般为饭费的15%，在铺有桌布的餐馆中就餐的小费不得少于50美分。如果住进按美式收费的旅馆，每周末应估计一周的住房费，并按该费用的20%的比例付小费，由你分发给为你服务的人员，每人小费的多少，以他服务的多少来定。为你服务的服务员一般可以至少得到20%的一半，甚至更多一些。在搬出旅馆之前，要视服务的多少向领班服务员付小费。如果服务项目不多，可以每周给2至3美元，如果服务特别周到，每周可给10美元。如果只住一夜，则不用付他小费。

客房服务员每送一顿饭应得到相当于饭费的15%的小费。这是旅馆为每送一顿饭规定的固定小费额以外的小费。

一级旅馆的客房女服务员每人每周应得到5美元至10美元的小费。如果是住便宜的旅馆，他们总应得到3至5美元小费。在商业旅馆中，只住一夜的客人大多数都不付小费，但是在豪华的旅馆停留长一点的时间，是期待客人给小费的。如果能找见客房女服务员，则一般都向她面交小费。如果一时找不到她，则可以装在写明致“客房女服务员”的信封中，放在柜台处。如果你想肯定她是否收到小费，可以关照柜台服务员负责交给她。

对旅馆中烫衣服的人员不用付小费，因为小费已包括在旅馆费中。对柜台服务员亦无需给小费，除非是住宿的时间较长，柜台服务员为你提供了特别服务，可以给小费，一般10美元即可。

对旅馆里的理发师、修指甲师和美容师及其他从事个人服务项目的人员，应照外面同类服务项目的标准付小费。弹子房和蒸汽浴室的工作人员如果未提供特别服务，一般不给小费。

如果大门口服务员帮助把行李放到便道上，不必付小费。如果他帮助把行李拿进旅馆，则应付50美分的小费。如果他帮助叫出租汽车，应付25美分的小费。如果你因长时间住旅馆而不愿意每次付小费，可以在每一周末给他1至2美元的小费。如果旅馆附设有车库，并有帮助停放车辆的服务人员，那么在大城市中每次取车要付1美元小费，在小城市中，则付50美分。

人们愿意住汽车游客旅店的原因之一是那里无需付小费。对于只住一夜或者至多两夜的一般游客来说，确实如此。在这样的短暂逗留时间里，

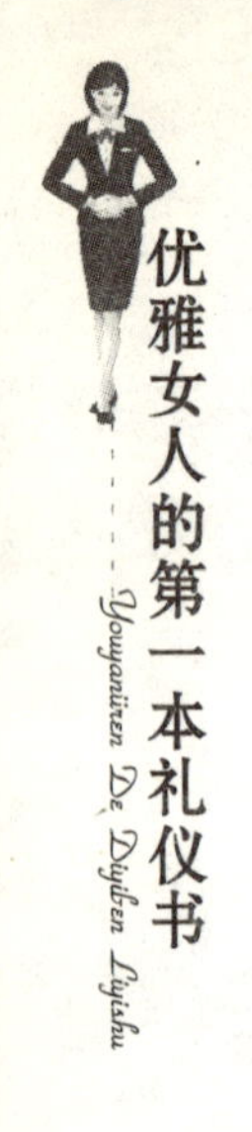

惟一要付小费的地方是酒吧或餐厅，在那里，人们通常要付就餐费的15%。当然，如果停车场服务员为你存车，应门人为你拿行李，或者任何人向你提供特别服务，都应当得到适量的小费。如果你将汽车旅馆当作较长时间的住处，对于一直为你服务的人员应当给予酬谢。清扫客房的女服务员、应门人、到客房送饭的男服务员和烫洗衣服的服务人员在大的汽车旅馆里提供服务，应当像在其他旅馆里工作一样得到小费。

对餐车服务员的小费付法和饭店服务员的小费付法完全相同。一般支付就餐费的15%，但不得少于25美分。

酒吧车厢和游乐车厢的服务人员应得到账单的15%的小费，如果他们给卧铺车厢送“自制饮料”的必备品（冰、杯子、水和汽水），应当对他们另付25美分的小费。

对夜间乘车的旅客，每人每夜至少应付卧铺服务员2美元小费。如果在整理床铺之外他还有其他服务项目，还应多付些小费。

脚夫，一般称“红帽子”，对每件手提包按张贴的固定钱数收费，一般是每件手提包收50美分。此外要根据行李的多少另给50美分至1美元的小费。

如果车费为1.5美元，小费的最低数额一般为25美分。在车费更高一些的情况下，应付车费的15%的小费。如果你和司机商妥进行一次不按公里计算的游览，也同样应付车费的15%作为小费。

对包租公共汽车和公共游览车的司机不应付小费。但是有些包租公共汽车站和游览车站提供导游或导游司机，对于这项服务，乘客通常付50美分到1美元的小费，但这并非硬性规定。如果旅程较远，可视距离付给司机和导游（如果是两个人的话）5美元至10美元的小费，除非包车费中已包括赏金。如果是私人包车，负责包车的人可以向乘车的每对夫妇征收1美元，作为给司机的小费。

乘海轮旅行的游客应付的各种小费的最低数额均有一定之规，而且付小费的时机也是有传统习惯做法的。如果旅程很长，每周应付一次小费，一般均在星期五晚上。如乘一等舱，客舱服务员和餐厅服务员每天应得到2美元小费。如果同时有一名男服务员和一名女服务员，则小费由他们二人去分。餐厅的干事每周应得到10美元小费，领班服务员每周得5美元。

如果餐厅里有服务员助手，则他每天应得到1美元小费。洗衣房和酒吧服务员在提供服务时应得到服务费的15%作为小费。甲板上的领班服务员每周应得到5至10美元的小费。如果他有助手，则他每周可得到2美元小费。应将酒账的15%比例的小费付给餐桌斟酒服务员。如果船舱没有个人浴室，应付公共浴室服务员1美元的小费。以上小费标准适用于乘海轮一等舱航行5天的每一位旅客。

其他等级舱位的小费标准高低，与船费的多少成正比。乘海轮旅行的一条基本原则是拿出船费的10%作为小费。将小费数额的一半分付给船舱和餐厅的服务员，另一半分付给为你服务过的其他人。乘坐游艇的小费原则与此相同。游客也应大约拿出船费的15%作为小费。分配的方法与上面相同。当然，订一套舱室的旅客在付小费时应比坐统舱的旅客慷慨大方。对于那些特别努力服务以便使你感到满意的人，你可用多付一些小费的办法表示你的感激之情。

在任何情况下都不要对船上的高级船员付小费，出于礼貌，你可以像对熟人道谢那样感谢事务长。如果你在船上请医生看病，你会收到治疗费的账单。如果你未收到账单而确实是害了病，你应在离船时照平时为你看病的医生的诊治费标准把如数的诊治费付给船上的医生。如果你的病情使你不得不住进病房，他们会在船费之外向你另外收费。

乘坐游艇的小费一般为船费的10%至15%。要把小费的一半分给船舱服务员和餐厅服务员。另一半按同样比例分给餐厅领班服务员和甲板服务员。如果你在每个周末将小费的一部分预付给有关人员，他们会很感激你，因为在各港的停靠期间，他们手里可以有些现金零花钱。洗衣房和酒吧服务员如果为你提供服务，应给账单的15%的小费，但不能少于25美分。付给斟酒服务员的小费应为酒账的15%。如果没有个人浴室，在预订浴室时要付给浴室服务员1美元小费。船舱服务员每服务一次，至少应得到25美分的小费。绝不能对游艇艇长付小费。有些旅游代理人建议对餐厅和船舱服务员每天付1美元至1.50美元的小费，视舱位等级和你得到了哪些服务项目而定。其他人员的小费大约每周为2美元至3美元。有些游艇船班在船费中包括“酬劳费”。一定要弄清这一点，而如果确实包括这项费用，则最多只需对向你提供特殊帮助的服务人员付1或2美元的小费。

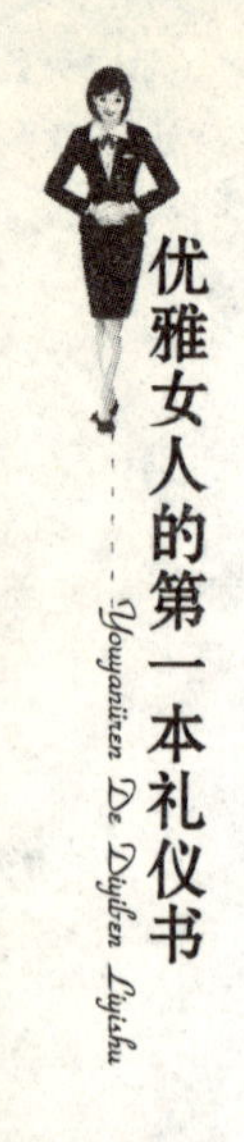

对机组人员是从来不付小费的，如女乘务员、男女服务员或飞行员。搬运人员搬运行李时，每件手提箱付50美分小费，一辆装行李的行李车付2美元或更多一些小费。

国际礼品礼仪

在国际活动中，赠送礼品是件令人头疼的事，因为送礼品的语言，送礼和受礼的方式、方法、时间都有所不同。

赠送礼品的礼仪

如何赠送礼品，在不同国家有不同讲究，事前必须了解。否则，赠送不适当，会影响到你的商业关系。

1. 什么时候送

一般在双方开始谈生意之前或结束时送礼物，很少在商业交易中送礼。

在挪威，普通的礼物如酒和巧克力，在第一次见面时是可以接受的。

在日本，一般第一次见面就送礼。如果你先送了礼物，他们会觉得没有面子，可以让日本人先送礼。

第一次去阿拉伯国家，一般不送礼。如果你与他们见了几次面，也可以送件小礼物。

在拉丁美洲，商务活动中一般不送礼。

2. 送什么

礼品有很多涵义，选择送礼时，首先要考虑礼品的象征意义。

首先不能违反宗教禁忌。在中东地区，最好不要给穆斯林送酒或猪肉制品。在印度，不要送牛皮制造的礼品，因为印度教认为牛是神圣的。

其次，考虑颜色。在法国、德国、澳大利亚和瑞士，红玫瑰只送给情人，它意味着“我爱你”。在意大利、法国和比利时，菊花主要用于葬礼。在德国，送黄色和白色菊花也是错误的行为。而在巴西，紫色菊花则象征死亡。

再次，考虑场合。虽然送花在许多国家都流行，但也有例外，在埃及，只有看望病人才送花。在日本，只有求婚或在与疾病和死亡相关的场合才送花。

最后，考虑数量。日本人将数字“4”与死联系在一起，所以送他们四件东西，比如说四只玻璃杯，是不礼貌的。在捷克共和国、波兰、意大利、澳大利亚和德国，送花一般要单数，因为他们喜欢不对称。在欧洲大部分地区，12 朵花意味着“买一打便宜”，而 13 代表坏运气，所以最好不要做这两种选择。

3. 怎样送

在赠送礼品之前，必须把礼物包装起来，否则认为不讲形式，尤其在日本。

包装之前，一定要除去礼物上的价格标签。

如果你要给几个人送礼，最好他们同时在场时送。职位最高的人一般最先得到礼物。

在日本和马来西亚，送礼要双手递给职位最高的人，表示尊敬，你可以说，礼物并不值钱，他最终肯定会接受。

4. 送给谁

送礼时，你必须考虑地位和身份。

如果只送礼给下属，而忽略老板，那么会给你带来麻烦。

如果只送一件礼物，就要送给职位最高的，并在赠送时表示对各位的感谢。

如果不止一人接受礼物必须和级别对等。

5. 说什么

国家不同，送礼时人们期望你讲话的内容也不同。

如果临别时送礼，很容易概括送礼的原因：他们热情地接待你，你期望谈判中的合作成为长期合作的开端。如果指名道姓，则不要漏掉任何人，还要注意礼仪和职务，一般应先说最重要的人，而且明确表示你对他特感谢。

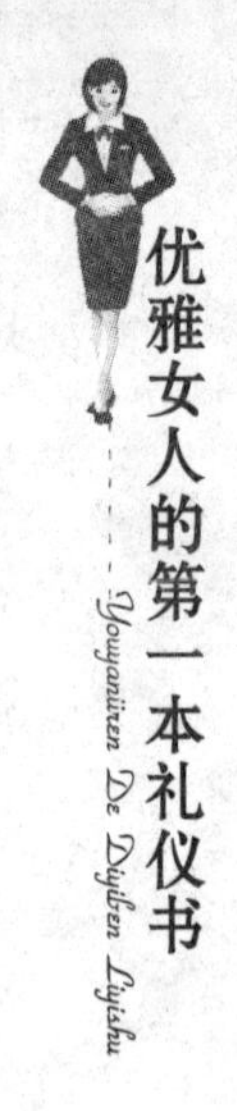

如果抵达时送礼，可以对他们提供这次共同工作的机会表示感谢，也许还可以加上对礼物本身作一点解释。

部分国家的送礼风俗

1. 非洲

非洲大陆广大辽阔，神秘复杂。如南非倾向于英国文化，而北方国家使用阿拉伯语，信奉伊斯兰教，并且禁酒。

（1）非伊斯兰教徒会高兴地收到酒，不过要先确认对方喜欢的品牌。

（2）不要送不适合当地气候的衣服，T恤、棒球帽、棒球夹克和上面印有世界队和非裔球员姓名的轻便运动服，都适合送礼。

（3）食物也不错，如好喝的罐装汤或饼干，他们非常喜爱。

（4）电影的录影带非常受欢迎。非洲人喜欢摇滚乐、雷鬼音乐、灵魂乐和民谣。

（5）前往非洲做生意时，要准备一大皮箱的小礼物，如钱包、卡通表或运动表，当然还包括玩具和黑洋娃娃。

2. 阿拉伯国家

阿拉伯国家信奉伊斯兰教，他们因宗教信仰呈现出多面化。如在阿拉伯国家，不要随便发誓或提到上帝。坐下时，不可将鞋底朝向对方，因为那样做代表不敬。

（1）不要十分赞赏阿拉伯人的私人财物，他可能会马上强迫你接受，例如一块波斯地毯。

（2）在阿拉伯国家交换礼物，应让对方先送礼。

（3）阿拉伯人习惯送精致的礼物，所以最好回送等值的礼物给对方。

（4）在任何伊斯兰教国家，像沙特阿拉伯，不可以送酒。

（5）不可送食物。对方会误以为你觉得他的招待不周。

（6）精品店的礼物非常受欢迎。

3. 德国

德国是个非常保守、严肃、讲究程序和制度的国家。德国比其他西欧国家更讲礼仪。如德国人非常守时，男士一般走在女士的左侧。与德国人聊天时，要谈论他们引为自傲的话题，如音乐、酒、工程上的技术等。

（1）到德国人家做客，可以送花，但不要送红玫瑰，因为红玫瑰只送给情人。将花送给主人前，先拆开包装。

（2）和足球相关的礼物极受欢迎，因为足球是项国际运动。

（3）送精致的书桌摆饰品，但不要刻上公司名称。

4. 印度

印度是个迷人的南亚国家，天气炎热，每年 5 月到 8 月，有难以忍受的高温和季风。印度人多为印度教徒、伊斯兰教徒和锡克教徒。

（1）不能送牛皮制品给印度教徒，因为牛是神圣的动物。

（2）不可送猪皮制品给伊斯兰教徒，那是对他们宗教的不敬。

（3）印度教徒喜欢苏格兰制品，女性不适合选酒送对方。

（4）伊斯兰教徒可以喝酒，但不能送酒给他们。

（5）送份小礼物给首次见面的客户，如盒装巧克力或罐装饼干。

（6）受邀到别人家中用餐时，在附近买束花送女主人。

（7）送礼物给孩子，因为孩子是每个家庭的重心。洋娃娃、流行玩具、夹克或雨衣都很适合。

（8）化妆品和香水适合送给女客户或客户的妻子。这些东西在印度都颇昂贵。

（9）与生活习惯无关的礼物不要送，如传真机，可以送比较没有争议的电气用具。

（10）两性皆宜的礼物：伞、背袋、小型旅行箱，廉价的新型手表、公文包、毛衣。

5. 日本

日本是个多礼的国家。可以和日本人握手寒暄，不要拥抱或亲吻对方。他们见面多数鞠躬。

日本送礼的习俗还遵循着它的历史传统。

（1）每年 12 月和 7 月是两个交换礼物的重要节日。

（2）礼物的包装要费心。颜色不可全白，假花有装饰效果。有些礼物用丝巾包扎。

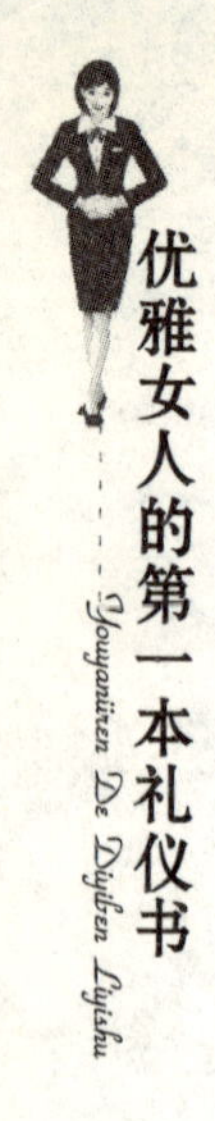

（3）日本人会耐心地当面拆开礼物，然后再仔细包起来，表示礼貌。

（4）收到礼物时，要向对方点头致谢，并且一周内寄给对方谢函。

（5）在日本交换礼物时，要先接受对方的礼物，再送礼给对方，才不会让主人觉得没面子。

（6）收到礼物后，要选一份更好的礼物回送对方。

适合日本人的礼物：

（1）酒（对方喜欢的品牌）。

（2）艺术品——博物馆贩售的书、交响团的CD、录音带（先知道对方喜好）。

（3）送给男士质料好的深色领带。

（4）送给女士丝巾或好的手提袋。

（5）艺术家的书、雕刻、陶器等作品。

（6）送给小朋友，可以选牛仔或印第安人的服装。

6. 韩国

韩国是由单一民族、单一语言组成的。韩国人饮食没有忌讳，每个人都可以喝酒，烟瘾很大。一般男士穿着朴素深色的西装。用餐时，一般是客人先动手。晚餐前，面前会有一碗面和汤。

（1）第一次拜访韩国客户时，准备一份上面刻有公司字样的小礼物，如笔、钥匙圈或领带。

（2）第一次到对方家拜访，送新鲜水果和饼干，或传统礼物蜡烛。数量上除四以外的数目都可以，因为四和死有关。

（3）再次到访韩国时，送酒给客户，送巧克力给他妻子和孩子。

（4）第三次到韩国时，送酒要送三瓶或五瓶（不要四瓶）。

（5）你每次都会收到等值的回礼。

（6）如果和对方很熟，关系愈来愈密切，就可送礼给他的妻子和孩子。出差到韩国时，准备礼物当面送给她。

（7）可能会受邀到对方家中用餐，特别是当对方家有事要庆祝时，如小宝宝生日、父母六十大寿或乔迁庆宴。

（8）对方会准备一份送给你太太的特别礼物。